KB265541

고사성어로 감잡는

추리기억 필수 영단어 ①

고사성어로 감 잡는
추리기억 필수 영단어 1

© 진형진, 2010

초판 1쇄 2010년 3월 23일

지은이 | 진형진 펴낸이 | 이태준 기획편집 | 정지희, 이지선, 김미량, 이혜미
디자인 | 임현주 일러스트 | 이경수 마케팅 | 이태준, 최현수 관리 | 김수연 펴낸곳 | 문화유람
출판등록 | 제17-332호 2002년 10월 18일 주소 | (121-839) 서울시 마포구 서교동 392-4 삼양빌딩 2층
전화 | 02-471-4439 팩스 | 02-474-1413 홈페이지 | www.inmul.co.kr | cntbooks@gmail.com
ISBN 978-89-91945-25-8 13740
값 10,000원

북카라반은 도서출판 문화유람의 브랜드입니다.
이 저작물의 내용을 쓰고자 할 때는 저작자와 문화유람의 허락을 받아야 합니다.
파손된 책은 바꾸어 드립니다.

북 카라반
CARAVAN

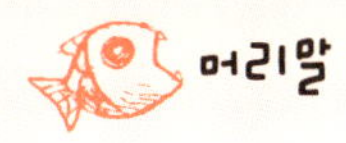

영단어, 무조건 외워야 하나요?

단어를 무조건 외우는 것은 우리 뇌의 구조상 아주 힘들고 또 무식한 방법입니다. 한 단어와 그 단어의 의미를 자연스럽게 이어주는 연결고리 없이 무작정 외운 단어는 외딴섬처럼 우리의 뇌라는 넓은 바다를 외롭게 떠다닐 뿐입니다. 따라서 얼마 지나지 않아 바닷속으로 가라앉아 버리거나 가라앉지 않았다 해도 그 넓은 바다에서 상황에 맞는 적절한 단어를 찾아내기가 어렵습니다. 또한 영단어는 단어 하나당 하나의 의미만 가진 게 아닙니다. 적으면 두 개, 많으면 수십 가지의 의미를 갖습니다. 그래서 단어를 아무리 많이 외워도 그 단어의 여러 가지 의미 중에서 문맥에 맞는 적절한 의미를 찾는다는 것은 쉬운 일이 아닙니다.

여러분은 영어 공부를 하면서 "단어를 따로 외우지 마라. 문장을 해석하며 그 문장 속에서 단어가 어떤 의미로 쓰였는지를 생각하고 머릿속에 자연스럽게 스며들도록 하라"는 말을 들어본 적이 있을 것입니다. 맞는 말입니다. 문장을 해석하다 보면 문장 안에 쓰인 단어의 뜻을 추측할 수 있는 여러 가지 힌트를 얻을 수 있습니다. 이 힌트와 단어를 연관 지으면 영단어를 우리의 뇌에 더 편리하게 저장할 수 있고 필요할 때 더 쉽게 떠올릴 수도 있습니다.

하지만 이것은 사실 번거롭고 귀찮은 일입니다. 문장 해석하랴, 단어 외우랴 시간도 오래 걸리고 재미없습니다. 단어 하나를 위해 문장을 공부한다는 것은 배보다 배꼽이 더 큰 경우니까요.

이야기를 읽으며 맞혀보는 재미있는 단어 추리기억법

그래서 필자는 오랜 현장 강의 경험을 바탕으로 발상의 전환을 시도해 보았습니다. 영어는 학문이 아닙니다. 수학, 과학, 인문사회, 철학 같은 학문이 아니라는 말입니다. 어느 정도 기본은 필요하지만 수학처럼 탄탄한 기초가 필요한 것도 아닙니다. 그저 많이 보아서 눈에 익으면 쉬운 것이고, 많이 보지 않아 눈에 낯설면 어려운 겁니다. 예를 들어볼까요?

difficult, 이 단어가 어려운 단어일까요, 쉬운 단어일까요? 여러분에게 이 단어는 쉬울 겁니다. 영어를 공부하기 시작한 순간부터 많이 보고 들어서 이미 우리에게 익숙해져 있기 때문입니다. 그렇다면 eel, 이 단어는 어떤가요? 쉬운 단어인가요? '뱀장어' 라는 의미의 단어인데 자주 쓰이지 않는 단어이므로 아마 익숙하지가 않을 것입니다. 이처럼 difficult는 9개의 철자로 되어 있고 eel은 불과 3개의 철자로 되어 있는데도 불구하고 eel이 더 어렵게 느껴지는 건 왜일까요? 그 차이는 바로 어떤 단어를 더 많이 접했느냐 아니냐일 뿐입니다. 결국 영단어는 많이 보고 들으면 쉽고 많이 접하지 않으면 어렵습니다. 따라서 영어를 어려운 영어와 쉬운 영어로 나누는 것도 앞뒤가 맞지 않습니다.

영어에 익숙해지려면 첫째, 영어는 지겹고 재미없다는 생각을 지워야 합니다. 그리고 영어의 재미를 느끼려면 흥미로운 이야기가 있어야 합니다. 흥미로운 이야기 안에 내가 필요로 하는 영단어가 들어 있다면 그 이야기의 줄거리를 떠올릴 때마다 자연스럽게 단어와 단어의 의미가 연상되어 마침내 익숙해지게 됩니다.

이 책에는 옛사람들의 경험과 지혜를 표현한 고사성어에 얽힌 재미있는 이야기 45편이 실려 있습니다. 한글로 쓰인 이 재미있는 이야기 곳곳에는 반드시 알아야 할 영단어들이 숨어 있습니다. 처음 접하는 영단어일지라도 읽다 보면 어떤 의미인지 쉽게 알아챌 수 있도록, 단어의 의미와 줄거리를 함께 기억할 수 있도록 구성했습니다.

다의어는 자주 쓰이는 의미를 순서대로 두세 개 정도 추려 깔끔하게 정리했습니다. 더불어 그 의미의 연관성을 설명하여 암기에 도움이 되고자 했습니다.

예) bear[bɛər]-bore[bɔːr]-born[bɔːrn] *v.* 1. 참다 2. (새끼를) 낳다 3. 지니다
▶bear가 명사일 때 곰이라는 의미라는 건 모두 알 겁니다. 그럼 이렇게 연상해보세요. "곰은 쑥과 마늘만 먹으며 오랜 시간을 '참아' 사람이 되었죠. 또 사람이 되어 아이를 '낳았'어요. 아이를 낳으려면 몸에 아이를 열 달 동안 '지니고 있어야' 합니다."

이런 식으로 연상해서 외우면 편하게, 오래 기억할 수 있습니다.
전투적인 마음으로 힘들여 공부하겠다는 생각보다는 편안하고 느긋하게 옛 성현의 가르침을 한번 읽어보자는 마음으로 이 책의 첫 장을 펼치길 바랍니다.
Slow thinking is the best way for our life!

《고사성어로 감 잡는 추리기억 필수 영단어》 활용법

1

가벼운 마음으로 짤막한 고사성어 이야기를 읽고 대강의 내용을 파악한 다음, 그 내용에 맞게 글 속에 숨어 있는 영단어의 뜻을 추리해봅니다.

2

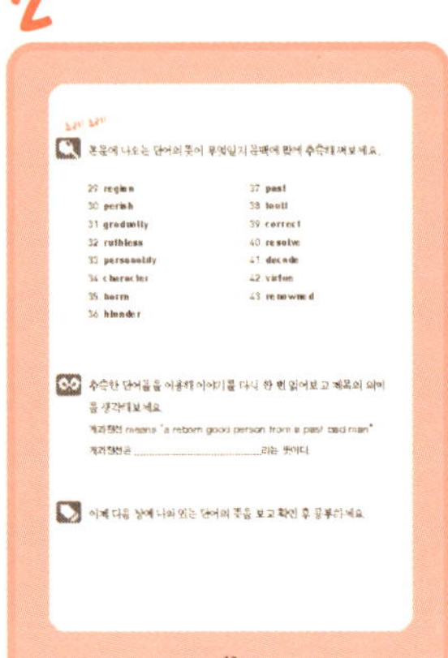

추측한 단어의 뜻을 적어본 후 이야기를 한 번 더 읽어보고 제목의 의미를 유추해봅니다.

3

추측해 적은 단어의 뜻을 다음 페이지의 영단어 풀이와 비교해보고 틀린 것을 체크한 후, 그 단어가 들어 있는 문장과 더불어 단어의 의미를 되새깁니다.

4

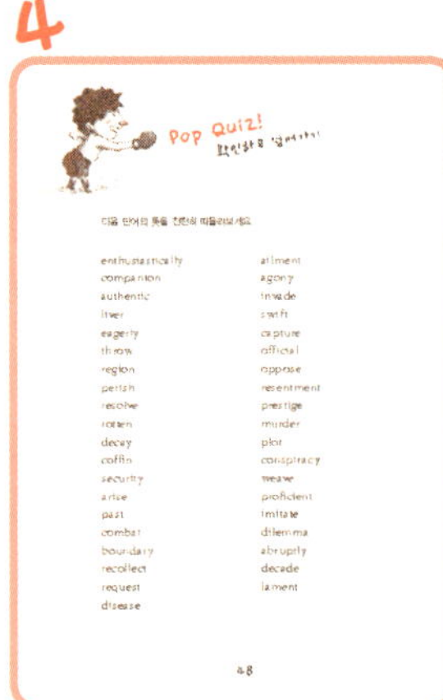

단어의 의미와 쓰임을 올바로 암기했는지 스스로 테스트합니다.

 차례

발음기호표와 영단어 발음하기

〈기본발음〉

A	아, 애, 어	N	느
B	브	O	오, 어
C	크	P	프
D	드	Q	크
E	에, 이	R	르
F	프	S	스
G	즈, 그	T	트
H	흐	U	유, 우
I	이, 아이	V	브
J	즈	W	우
K	크	X	스
L	르	Y	이, 와이
M	므	Z	즈

〈모음〉

구분	[a]	[e]	[i]	[o]	[u]	[ə]	ʌ	[ɔ]	[ɛ]	[æ]
소리	아	에	이	오	우	어	어	오	에	애
기호	ㅏ	ㅔ	ㅣ	ㅔ	ㅗ	ㅜ	ㅓ	ㅓ	ㅔ	ㅐ

〈무성자음 10개〉

구분	[f]	[k]	p	[s]	[t]	[ʃ]	[tʃ]	[θ]	[t]	[ŋ]
소리	프	크	퍼	스	트	쉬	취	쓰	츠	응
기호	ㅍ	ㅋ	ㅍ	ㅅ	ㅌ	수	추	ㅆ	ㅊ	

<유성자음 16개>

구 분	b	d	j	l	m	n	r	v	z	[ʤ]	[ʒ]	tz	ð	h	g	ŋ
소 리	브	드	이	러	므	느	르	브	즈	쥐	지	쯔	뜨	흐	그	응
기 호	ㅂ	ㄷ	ㅣ	ㄹ	ㅁ	ㄴ	ㄹ	ㅂ	ㅈ	주	ㅈ	ㅉ	ㄸ	ㅎ	ㄱ	ㅇ

발음기호의 발성법을 익혔으면 몇 개의 예를 보며 확인해봅시다.

1. ridicule[rídikjùːl]   ㄹ+이+ㄷ+이+ㅋ+이+우+ㄹ

그대로 발음하면 '리디키울'인데 빨리 읽으면 '리디큘'로 발음이 됩니다.

2. embarrassed[imbǽrəs/em-]   이+ㅁ+ㅂ+애+ㄹ+어+스+트

그대로 발음하면 '임배러스트'가 됩니다.

이런 식으로 발음기호를 보며 읽는 연습을 조금만 하면 나중에는 굳이 발음
기호를 볼 필요도 없이 단어만 보고도 발음할 수 있습니다!

1. A very stupid person or ridiculous behavior

각주구검

刻새길 각 舟배 주 求구할 구 劍칼 검

칼이 물에 빠지자 뱃전에 자국을 내어 표시해두었다가 나중에 칼을 찾는다는 뜻으로 융통성이 없는 어리석음을 비유한 말. 즉, 세상이 변화하는 줄 모르고 자신의 옛 지식만 완전히 믿는 어리석음을 일컫는 말이다.

춘추 era 초나라 사람이 아주 귀한 sword를 소중히 껴안은 채 배를 타고 양자강을 건너게 되었다. 그런데 실수로 ancestor(=forefather) 대대로 물려받은 칼을 강 한복판에 빠뜨리고 말았다.

그 사람은 embarrassed(=perplexed=puzzled) 해 허리춤에서 주머니칼을 꺼내 칼이 떨어진 부분의 뱃전에 trace를 내어 indication을 하면서 말했다.

"내 칼이 여기서 떨어졌다. 하지만 표시를 해놓았으니까 이제 relief 다."

그는 비로소 안도의 숨을 exhale(↔inhale)했다.

얼마 후 배가 eventually 언덕에 닿았다. 그 사람은 곧 표시해놓은 뱃전에서 물속으로 plunge해 칼을 search했으나 칼이 있을 리가 없었다. 배는 이미 칼을 떨어뜨린 곳에서 한참을 이동했기 때문이다.

이를 보고 사람들은 "배에 표시를 해서 물속에 빠진 칼을 찾으려 한다"고 말하며 그의 stupid(=silly=ridiculous)한 행동을 ridicule(=mock)했다.

본문에 나오는 단어의 뜻이 무엇일지 문맥에 맞게 추측해 써보세요.

1. **era**	11. **exhale**
2. **sword**	12. **inhale**
3. **ancestor**	13. **eventually**
4. **forefather**	14. **plunge**
5. **embarrassed**	15. **search**
6. **perplexed**	16. **stupid**
7. **puzzled**	17. **silly**
8. **trace**	18. **ridiculous**
9. **indication**	19. **ridicule**
10. **relief**	20. **mock**

추측한 단어들을 이용해 이야기를 다시 한 번 읽어보고 제목의 의미를 생각해보세요.

각주구검 means "a very stupid person or ridiculous behavior".

각주구검은 ＿＿＿＿＿＿＿＿＿＿＿＿＿＿라는 뜻이다.

이제 다음 장에 나와 있는 단어의 뜻을 보고 확인 후 공부하세요.

A very stupid person or ridiculous behavior

(매우 어리석거나 우스꽝스러운 행동)

1. **era** [íərə/érə] *n.* 시대

2. **sword** [sɔ:rd] *n.* 칼, 검

3. **ancestor** [ǽnsestər/-səs-] *n.* 선조, 조상

4. **forefather** [fɔ́:rfὰ:ðər] *n.* 선조, 조상

5. **embarrassed** [imbǽrəst/em-] *a.* 당황스러운

   embarrass [imbǽrəs/em-] *v.* 당황하게 하다

   embarrassing [imbǽrəsiŋ] *a.* 당황스럽게 하는

   ▶동사+ing 형태는 능동의 의미를 갖는 형용사 역할을 하는 현재분사로서 동작의 주체가 어떤 동작을 능동적으로 하는 것을 의미하고, 동사+ed 형태는 수동의 의미를 갖는 형용사 역할을 하는 과거분사로서 동작의 주체가 어떤 동작을 수동적으로 받는 것을 의미합니다.

6. **perplexed** [pərplékst] *a.* 당혹한, 당황스러운

7. **puzzled** [pʌ́zld] *a.* 당황스러운, 난처한

   puzzle [pʌ́zl] *n.* 수수께끼, 당황스런 문제

8. **trace** [treis] *n.* 흔적, 자취 *v.* 추적하다, 흔적을 쫓다

   ▶흔적이 있으면 추적하기가 쉽겠죠. 그래서 동사로 쓰일 때 '추적하다, 흔적을 쫓다' 라는 뜻이랍니다.

9. **indication** [ìndikéiʃən] *n.* 표시, 암시

   indicate [índikèit] *v.* 표시하다, 암시하다

10. **relief** [rilíːf] *n.* 안심, 안도

relieve [rilíːv] *v.* 1.안심시키다 2.덜어주다, 완화시키다

relieved [rilíːvd] *a.* 안심한, 안도한

▶ '안심시키다' 라는 의미는 마음의 걱정이나 짐, 중상, 부담 따위를 덜어주는 거죠. 그래서 (걱정, 짐, 부담, 중상) 등을 '덜어주다', '완화시키다' 라는 뜻으로도 많이 쓰입니다.

11. **exhale** [ekshéil/igzéil] *v.* (숨, 연기) 등을 내쉬다, 내뿜다

12. **inhale** [inhéil] *v.* (숨, 연기) 등을 들이쉬다, 들이마시다

▶ 참고로 ex—는 밖을 의미하는 접두어이고, in—은 안을 의미하는 접두어입니다.

13. **eventually** [ivéntʃuəli] *ad.* 결국, 마침내

▶ 이 부사를 공부할 때는 in the end, in the long run, at last 이 3개의 부사구도 함께 공부해두는 게 좋습니다. 같은 의미로 아주 많이 쓰입니다.

14. **plunge** [plʌndʒ] *v.* 1.급하게 뛰어들다 2.떨어지다 3.쑤셔 넣다 *n.* 1.뛰어들기 2.낙하

15. **search** [səːrtʃ] *v.* 찾다, 수색하다 *n.* 찾기, 수색

16. **stupid** [stjúːpid] *a.* 1.어리석은 2.우스꽝스러운

17. **silly** [síli] *a.* 1.어리석은 2.우스꽝스러운

18. **ridiculous** [ridíkjələs] *a.* 1.어리석은 2.우스꽝스러운

19. **ridicule** [rídikjùːl] *v.* 조롱하다, 비웃다 *n.* 조롱

20. **mock** [mak/mɔ(ː)k] *v.* (특히 흉내를 내며) 조롱하다, 비웃다

다음 단어의 뜻을 천천히 떠올려보세요.

indication	silly
eventually	ridiculous
era	ridicule
sword	mock
ancestor	puzzled
embarrassed	search
perplexed	inhale
trace	forefather
relief	
exhale	
plunge	
stupid	

2. An authentic friend

간
담
상
조

肝간 간 膽쓸개 담 相서로 상 照비칠 조

간과 쓸개를 드러내 햇볕을 쪼인다는 뜻으로 서로 마음을 터놓고 친하게 사귐을 비유하는 말이다. 즉, 상대방의 속을 훤히 알 정도로 터놓고 지내는 친한 친구 사이를 '간담상조' 라고 한다.

중국 당나라 때 문인 한유는 훌륭한 companion인 시인 유종원과 절친하게 지내고 있었다. 그러던 어느 날 유주 자사로 좌천된 유종원이

죽었다. 한유는 유주 자사로 좌천된 자신의 딱한 처지보다 나이 많은 어머니를 두고 파주 자사로 좌천된 그의 친구 유몽득의 처지를 더 슬퍼했던 유종원의 진정한 우정을 떠올렸다. 그리고 그의 묘지명에 다음과 같이 썼다.

"사람은 adversity에 처해 있을 때 비로소 authentic한 우정이 나오는 법이다. 평소에는 liver와 쓸개를 꺼내어 mutually하게 보여줄 것 같지만 일단 이해관계라도 생기면 foe처럼 돌변하는 것이 요즘 세상에 흔한 일이다. trap에 빠진 자에게 손을 내밀기는커녕 돌을 throw하는 일이 많은 것이 현실이다."

 본문에 나오는 단어의 뜻이 무엇일지 문맥에 맞게 추측해 써보세요.

21. **companion**

22. **adversity**

23. **authentic**

24. **liver**

25. **mutually**

26. **foe**

27. **trap**

28. **throw**

 추측한 단어들을 이용해 이야기를 다시 한 번 읽어보고 제목의 의미를 생각해보세요.

간담상조 means "an authentic friend".

간담상조는 _______________________라는 뜻이다.

 이제 다음 장에 나와 있는 단어의 뜻을 보고 확인 후 공부하세요.

An authentic friend

(진정한 친구)

21. **companion** [kəmpǽnjən] *n.* 친구, 동반자
22. **adversity** [ædvə́ːrsəti/əd-] *n.* 역경, 불행
23. **authentic** [ɔːθéntik] *a.* 진짜의, 진정한
24. **liver** [lívər] *n.* 간
25. **mutually** [mjúːtʃuəli] *ad.* 서로 간에, 상호 간에
    mutual [mjúːtʃuəl] *a.* 서로의, 상호 간의
26. **foe** [fou] *n.* 적
27. **trap** [træp] *n.* 함정, 덫 *v.* 함정에 빠트리다, 가두다
28. **throw** [θrou]-**threw** [θruː]-**thrown** [θroun] *v.* 1. 던지다 2. 버리다
    ▶ 어떤 물건을 '던진다' 는 것과 쓸모가 없어진 물건을 '버린다' 라는 것은 의미가 일맥상통합니다.

3. A reborn good person from a past bad man

改고칠 개 過허물 과 遷옮길 천 善착할 선
지난 잘못을 뉘우치고 새롭게 착한 사람이 된다는 뜻이다. 즉, 어떤 사람이 어두웠던 과거를 극복하고 완전히 달라졌을 때 '개과천선' 이라고 말한다.

진나라 혜제 때 양흠이라는 region에 주처라는 사람이 있었다.

태수 벼슬을 한 아버지가 일찍 perish하시자 그는 gradually 방탕

한 생활에 빠져 지냈다. 주처의 ruthless한 personality(=character) 때문에 마을 사람들은 많은 harm을 입었다.

그러나 그는 곧 자신의 blunder를 깨닫고 "past의 fault를 과감히 correct해서 새사람이 되겠다"고 resolve했다. 그 후 decade 동안 virtue를 쌓고 학문을 익혀 마침내 renowned한 대학자가 되었다.

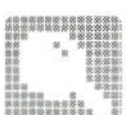 본문에 나오는 단어의 뜻이 무엇일지 문맥에 맞게 추측해 써보세요.

29. **region**	37. **past**
30. **perish**	38. **fault**
31. **gradually**	39. **correct**
32. **ruthless**	40. **resolve**
33. **personality**	41. **decade**
34. **character**	42. **virtue**
35. **harm**	43. **renowned**
36. **blunder**	

 추측한 단어들을 이용해 이야기를 다시 한 번 읽어보고 제목의 의미
를 생각해보세요.

개과천선 means "a reborn good person from a past bad man".

개과천선은 ____________________라는 뜻이다.

 이제 다음 장에 나와 있는 단어의 뜻을 보고 확인 후 공부하세요.

A reborn good person from a past bad man (과거 나쁜 사람의 모습에서 거듭난 사람)

29. region [rí:dʒən] *n.* 지역

30. perish [périʃ] *v.* 죽다, 소멸되다

31. gradually [grǽdʒuəli] *ad.* 점차로, 서서히 gradual [grǽdʒuəl] *a.* 점차적인

32. ruthless [rú:θlis] *a.* 무자비한, 난폭한

33. personality [pə̀:rsənǽləti] *n.* 성격, 개성

34. character [kǽriktər] *n.* 1. 성격, 개성 2. 특성 3. 등장인물 4. 글자, 부호
   ▶ 이 단어는 네 가지 의미로 자주 쓰입니다. 많이 쓰이는 순서이므로 순서대로 외워두세요.

35. harm [hɑ:rm] *n.* 해, 손해 *v.* 해를 끼치다

36. blunder [blʌ́ndər] *n.* 어리석은 실수 *v.* 어리석은 실수를 하다

37. past [pæst/pɑ:st] *a.* 지나간, 과거의 *n.* 과거

38. fault [fɔ:lt] *n.* 잘못, 결함

39. correct [kərékt] *v.* 올바르게 고치다, 수정하다 *a.* 정확한, 올바른
   correctly [kəréktli] *ad.* 올바르게, 정확하게
   ▶ '올바르게 고치'고 나면 '정확한' 것이 되지요.

40. resolve [rizálv/-zɔ́lv] *v.* 1. 결심하다 2. 문제를 해결하다.
   resolution [rèzəlú:ʃən] *n.* 1. 결심 2. 해결
   resolute [rézəlù:t] *a.* (결심이) 단호한, 확고한
   ▶ 어떤 일이든 하고자 굳게 '결심'한다면 '해결'하지 못할 것이 없습니다. 그래서 '해결하다'라는 의미로도 아주 많이 쓰입니다.

41. decade [dékeid/dəkéid] *n.* 10년   42. virtue [və́:rtʃu:] *n.* 덕, 미덕

43. renowned [rináund] *a.* 유명한   renown [rináun] *n.* 명성

개
관
사
시
정

蓋덮을 개 棺관 관 事일 사 始시작할 시 定정할 정
관 뚜껑을 덮고 난 후에야 모든 것을 알 수 있다는 뜻으로 사람은
죽고 난 뒤에야 정당한 평가를 받게 된다는 말이다. 현재는 알 수
없으나 세월이 흐른 뒤에 일이 정당하게 평가받는 경우가 많은데 이
때 '개관사시정' 이라 표현한다.

'개관사시정' 이라는 말은 시인 두보가 사천성 깊은 산골로 들어가서

poverty 속에서 살고 있을 때, 역시 그곳에 와서 살며 despair와

frustration 속에서 지내고 있는 친구의 아들인 소혜라는 청년에게 보
낸 다음의 시에서 나왔다.

그대는 보지 못했는가
길가에 버려진 연못을.
그대는 보지 못했는가
예전에 꺾여 쓰러진 오동나무를.
백 년 뒤 죽은 나무가 거문고로 쓰이게 되고
한 홉 rotten(=decay)한 물이 교룡을 품기도 한다.
장부는 coffin 뚜껑을 덮어야 일이 비로소 결정된다.
그대는 지금 다행히 늙은이가 안 되었으니
어찌 초췌하게 산중에 있음을 lament하는가.
깊은 산 궁벽진 골짜기는 살 만한 곳이 아니라네.
천둥벼락과 도깨비, 미친 듯한 바람도 있으니.

 본문에 나오는 단어의 뜻이 무엇일지 문맥에 맞게 추측해 써보세요.

44. **poverty**　　　　　48. **decay**

45. **despair**　　　　　49. **coffin**

46. **frustration**　　　50. **lament**

47. **rotten**

 추측한 단어들을 이용해 이야기를 다시 한 번 읽어보고 제목의 의미를 생각해보세요.

개관사시정 means "not knowing someone's value until his or her death".

개관사시정은 ____________________________라는 뜻이다.

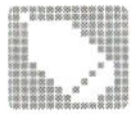 이제 다음 장에 나와 있는 단어의 뜻을 보고 확인 후 공부하세요.

Not knowing someone's value until his or her death

(누군가의 가치는 그가 죽을 때까지 알 수 없는 것)

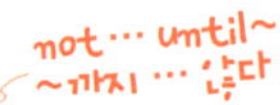

44. poverty [pávərti/póv-] *n.* 가난, 부족

45. despair [dispέər] *n.* 절망, 자포자기 *v.* 절망하다, 자포자기하다

46. frustration [frʌstréiʃən] *n.* 절망, 좌절

47. rotten [rátn/rɔ́tn] *a.* 썩은, 부패한

48. decay [dikéi] *v.* 썩다, 부패하다 *n.* 부패

49. coffin [kɔ́:fin/káf-] *n.* 관

50. lament [ləmént] *v.* 한탄하다, 슬퍼한다 *n.* 한탄, 애도

5. A desperate fight at the risk of someone's life

건
곤
일
척

乾하늘 건 坤땅 곤 一한 일 擲던질 척
하늘과 땅을 한 번에 내던진다는 뜻으로 '죽느냐 사느냐' 같이 사생
결단을 건 최후의 한 판 승부를 말한다.

　'일척'은 단숨에 던진다는 뜻이며 건곤은 하늘과 땅을 말한다. 이 말은 당나라의 유명한 시인인 한유의 〈홍구를 지나며〉라는 시에서 arise 했다.

　옛날 진나라가 망하자 천하를 다투던 초나라의 항우와 한나라의 유방은 잠시 combat을 중단하고 이곳을 boundary로 해서 두 나라 간의 border를 그었다. 한유의 시는 그때 일을 recollect하는 content로 이루어져 있다.

　용은 exhausted하고 호랑이는 고달파 벌판을 가르니

억만의 세상 사람이 생명을 부지했다.
누가 임금에게 말 머리 돌리기를 recommend해서
참으로 한 번 던져 하늘과 땅을 걸게 했는가?

한유의 눈에는 유방이 말 머리를 돌린 것도 천하를 건 일대 도박으로
보였던 것이다.

 본문에 나오는 단어의 뜻이 무엇일지 문맥에 맞게 추측해 써보세요.

51. **arise**	55. **recollect**
52. **combat**	56. **content**
53. **boundary**	57. **exhausted**
54. **border**	58. **recommend**

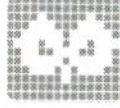 추측한 단어들을 이용해 이야기를 다시 한 번 읽어보고 제목의 의미를 생각해보세요.

건곤일척 means "a desperate fight at the risk of someone's life".

건곤일척은 ___________________________라는 뜻이다.

 이제 다음 장에 나와 있는 단어의 뜻을 보고 확인 후 공부하세요.

A desperate fight at the risk of someone's life

(목숨을 건 필사적인 싸움)

51. **arise** [əráiz] **-arose** [əróuz] **-arisen** [ərízn] *v.* 1.발생하다, 일어나다, 생기다 2.(태양 · 연기 따위가) 솟아오르다

52. **combat** [kámbæt/kʌm-] *n.* 전투, 싸움 *v.* 싸우다

53. **boundary** [báundəri] *n.* 경계, 범위, 영역, 국경

54. **border** [bɔ́ːrdər] *n.* 1.경계, 국경 2.변경, 변두리

55. **recollect** [rèkəlékt] *v.* 회상하다, 생각해내다

　　recollection [rèkəlékʃən] *n.* 회상, 추억

56. **content** [kəntént] *n.* 내용 *a.* 만족한

　　▶무엇이든 '내용' 이 좋으면 '만족' 스럽지 않을까요?

57. **exhausted** [igzɔ́ːstid] *a.* 기진맥진한, (힘을) 다 써버린

　　exhaust [igzɔ́ːst] *v.* (힘을) 다 써버리다, 기진맥진하게 하다

58. **recommend** [rèkəménd] *v.* 추천하다, 권하다

　　recommendation [rèkəmendéiʃən] *n.* 추천, 추천장

6. Repayment of a kindness even after someone's death

結맺을 결 草풀 초 報갚을 보 恩은혜 은
풀을 묶어서 은혜를 갚는다는 뜻으로 죽어서도 은혜를 갚는 것을 말
한다.

춘추시대 진(晉)나라 선공 때의 일이다. 위무자에게 첩이 있었는데
두 사람 사이에 자식은 없었다. 그러던 어느 날 위무자가 병석에 눕게
되었다. 그래서 아들 과에게 request했다.

"내가 죽거든 반드시 첩을 개가시켜라."

얼마 후 disease(=ailment)가 깊어지자 그는 마음이 변해 이렇게 말
했다.

"내가 죽거든 반드시 첩을 나와 함께 묻어다오."

마침내 아버지가 죽자 과는 agony에 빠졌다.

'개가를 시킬 것인가? 아니면 생사람을 묻을 것인가?'

결국 과는 아버지의 애첩을 개가시켜주었다.

훗날 진(秦)의 환공이 진(晉)나라를 invade해서 양국은 inevitably 전투를 하게 되었다. 과는 장군이 되어 진(秦)나라와 싸우게 되었다. 그때 백발노인이 싸움터에 나타나 eagerly(=zealously=enthusiastically) 풀을 묶고 있었다. 한참 싸우는데 진(秦)의 장수 두회가 노인이 묶어둔 풀에 걸려 넘어졌다. 순간 과는 rapidly(=swift) 그를 capture하고 마침내 진(秦)을 크게 defeat시킬 수 있었다.

그날 밤 꿈에 그 노인이 다시 나타났다. 그는 자신이 애첩의 친정아버지라며 자신의 딸을 생매장하지 않고 개가시켜주었으므로 풀을 묶어 그 은혜에 compensation(=reward)하기 위해 나타났다고 말했다. 이때부터 '결초보은'은 죽어서도 은혜를 잊지 않고 갚는다는 뜻으로 사용되었다.

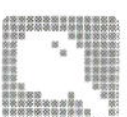 본문에 나오는 단어의 뜻이 무엇일지 문맥에 맞게 추측해 써보세요.

59. request	67. enthusiastically
60. disease	68. rapidly
61. ailment	69. swift
62. agony	70. capture
63. invade	71. defeat
64. inevitably	72. compensation
65. eagerly	73. reward
66. zealously	

 추측한 단어들을 이용해 이야기를 다시 한 번 읽어보고 제목의 의미를 생각해보세요.

결초보은 means "repayment of a kindness even after someone's death".

결초보은은 _______________________라는 뜻이다.

 이제 다음 장에 나와 있는 단어의 뜻을 보고 확인 후 공부하세요.

Repayment of a kindness even after someone's death

(죽은 후에조차 받은 은혜에 보답하는 것)

59. **request** [rikwést] *v.* 요청하다, 부탁하다 *n.* 요청, 부탁

60. **disease** [dizí:z] *n.* 병, 질병

61. **ailment** [éilmənt] *n.* 병, 질병

62. **agony** [ǽgəni] *n.* 고민, 고통

63. **invade** [invéid] *v.* 침략하다

    invasion [invéiʒən] *n.* 침략, 침입

64. **inevitably** [inévitəbli] *ad.* 불가피하게, 어쩔 수 없이

    inevitable [inévitəbəl] *a.* 불가피한, 어쩔 수 없는

65. **eagerly** [í:gərli] *ad.* 열심히, 열정적으로

    eager [í:gər] *a.* 열정적인, 간절한

66. **zealously** [zéləsli] *ad.* 열심히, 열광적으로

    zealous [zéləs] *a.* 열광적인, 열성적인

67. **enthusiastically** [enθú:ziǽstikəli] *ad.* 열심히, 열광적으로

    enthusiastic [enθú:ziǽstik], **enthusiastical** [enθú:ziǽstikəl] *a.* 열심인, 열광적인

68. **rapidly** [rǽpidli] *ad.* 빠르게

    rapid [rǽpid] *a.* 빠른

69. **swift** [swift] *a. ad.* 빠른, 빠르게

    swiftly [swíftli] *ad.* 빠르게, 신속히

70. **capture** [kǽptʃər] *v.* 붙잡다, 생포하다 *n.* 생포, 포획

71. **defeat** [difít] *n.* 패배, 좌절 *v.* 패배시키다, 좌절시키다

72. **compensation** [kàmpənséiʃən/kɔ̀m-] *n.* 배상, 보상

    compensate [kámpənsèit/kɔ́m-] *v.* 배상하다, 보상하다

73. **reward** [riwɔ́:rd] *n.* 보상, 보답 *v.* 보상하다, 보답하다

7. A trivial but useful talent

鷄닭 계 鳴울 명 狗개 구 盜도둑 도
닭의 울음소리를 잘 내고 개의 흉내를 잘 내어 좀도둑질을 한다는
뜻. 천하지만 유용한 기술을 말하는 것으로, 하찮은 재주도 언젠가
쓸모가 있다는 표현이다.

제나라 royal 중에 맹상군이라는 사람이 있었다. 그는 아무리 trivial
한 gifted(=talented) 사람일지라도 willingly 받아들였다. 심지어는
theft 잘하는 사람까지 받아들였다.

어느 날 진(秦)나라의 소양왕이 맹상군을 재상으로 앉히기 위해 그를
초청했다. 맹상군은 그 제의를 수락하고 식객 몇 명만 데리고 진나라로
갔다. 그러나 막상 가보니 진의 official들이 맹상군이 재상이 되는 것
을 oppose했다.

소양왕은 이러지도 못하고 저러지도 못하고 난처하게 되었다. 맹상
군을 재상으로 쓰지 않으면 그가 resentment를 품을 것 같고, 되돌려

보내자니 진의 prestige가 떨어질 것 같았다. 그래서 소양왕은 그를 murder하기로 했다.

이러한 plot(=conspiracy)을 눈치챈 맹상군은 소양왕의 애첩에게 귀국하게 해줄 것을 간청했다. 소양왕의 애첩은 그에게 말했다.

"좋아요, 당신이 왕에게 바쳤던 것과 똑같은 선물을 나에게 바친다면 당신의 요구를 들어주겠어요."

그가 소양왕에게 바친 선물은 호백구라는 여우의 겨드랑이에 나 있는 흰 털로 weave한 아주 rare한 털옷이었다. 다행히 그가 데리고 갔던 식객 중에 좀도둑질에 proficient한 이가 있었다. 그는 한밤중에 개 짖는 소리를 imitate해서 왕의 호백구를 도로 훔쳐 애첩에게 바쳤다.

애첩의 간청으로 소양왕은 맹상군을 석방했지만 마음이 바뀌어 다시 그를 chase했다. 맹상군은 다시 dilemma에 빠졌다. 이때 그의 식객 중 한 사람이 말했다.

"주인님, 걱정 마십시오. 제가 한번 솜씨를 보여드리겠습니다."

맹상군 일행이 국경에 다다랐을 때 그 식객이 닭 울음소리를 흉내 내었다. 그러자 근처의 닭들이 일제히 울기 시작했다. abruptly 문지기들이 국경의 관문을 열기 시작했다. 진나라의 법에는 첫닭이 울면 관문을 열게 되어 있기 때문이었다. 덕분에 맹상군 일행은 security한 상태로 진나라를 빠져나올 수 있었다.

본문에 나오는 단어의 뜻이 무엇일지 문맥에 맞게 추측해 써보세요.

74. **royal**	85. **plot**
75. **trivial**	86. **conspiracy**
76. **gifted**	87. **weave**
77. **talented**	88. **rare**
78. **willingly**	89. **proficient**
79. **theft**	90. **imitate**
80. **official**	91. **chase**
81. **oppose**	92. **dilemma**
82. **resentment**	93. **abruptly**
83. **prestige**	94. **security**
84. **murder**	

추측한 단어들을 이용해 이야기를 다시 한 번 읽어보고 제목의 의미를 생각해보세요.

계명구도 means "a trivial but useful talent".

계명구도는 ＿＿＿＿＿＿＿＿＿＿＿＿＿＿＿＿＿＿라는 뜻이다.

이제 다음 장에 나와 있는 단어의 뜻을 보고 확인 후 공부하세요.

A trivial but useful talent

(사소하지만 쓸모 있는 재능)

74. **royal** [rɔ́iəl] *a.* 왕의, 왕족의 *n.* 왕족

75. **trivial** [tríviəl] *a.* 하찮은, 사소한

76. **gifted** [gíftid] *a.* 타고난 재능이 있는

   gift [gíft] *n.* 1. 재능 2. 선물

   ▶ '타고난' '재능' 은 조물주의 '선물' 이겠죠.

77. **talented** [tǽləntid] *a.* 재능 있는

   talent [tǽlənt] *n.* 재능

78. **willingly** [wíliŋli] *ad.* 기꺼이, 자진해서 ↔ **unwillingly** [ʌnwíliŋli] *ad.* 내키지 않게

   willing [wíliŋ] *a.* 기꺼이 하는, 자진해서 하는 ↔ **unwilling** [ʌnwíliŋ] *a.* 내키지 않는

   willingness [wíliŋnis] *n.* 기꺼운 마음 ↔ **unwillingness** [ʌnwíliŋnis] *n.* 내키지 않는 마음

79. **theft** [θeft] *n.* 도둑질, 절도

   thief [θiːf] *n.* 도둑

80. **official** [əfíʃəl] *n.* 공무원, 관리 *a.* 공식적인, 관직에 있는

81. **oppose** [əpóuz] *v.* ~에 반대하다, ~에 대항하다

   opposition [àpəzíʃən/ɔ̀p-] *n.* 반대, 대항

   opponent [əpóunənt] *n.* 반대자, 적 *a.* 반대하는, 적의

82. **resentment** [rizéntmənt] *n.* 원한, 분노

   resent [rizént] *v.* 원망하다, 분노하다

resentful[rizéntfəl] *a.* 원망하는, 분노하는

83. prestige[prestí:dʒ/préstidʒ] *n.* 명성, 위신 *a.* 명성 있는, 위신 있는

84. murder[mɔ́:rdər] *n.* 살인, 살해 *v.* 살해하다

85. plot[plɑt/plɔt] *n.* 1.음모, 책략 2.(극 · 소설 따위의) 줄거리

86. conspiracy[kənspírəsi] *n.* 음모

87. weave[wi:v]-wove[wouv], weaved-woven[wóuvən], wove *v.* 직물을
짜다, 엮다

88. rare[rɛər] *a.* 1.드문, 진기한, 희박한 2.(고기가) 설익은

89. proficient[prəfíʃənt] *a.* 숙달된, 능숙한
proficiently[prəfíʃəntli] *ad.* 능숙하게
proficiency[prəfíʃənsi] *n.* 능숙, 숙달

90. imitate[ímitèit] *v.* 모방하다, 흉내 내다
imitation[ìmitéiʃən] *n.* 모방, 흉내, 모조품

91. chase[tʃeis] *v.* 쫓다, 추적하다 *n.* 추적

92. dilemma[dilémə] *n.* 진퇴양난, 궁지

93. abruptly[əbrʌ́ptli] *ad.* 갑자기
abrupt[əbrʌ́pt] *a.* 갑작스러운, 돌연한

94. security[sikjúəriti] *n.* 1.안전, 안심 2.보안, 보안 조치
secure[sikjúər] *a.* 안전한, 안심하는 *v.* 1.안전하게 하다 2.획득하다, 얻다
▶ 소중한 것을 '얻거나' '획득하' 면 '안전하게' 보관해야겠죠? 이렇게 연
상해서 기억해보세요.

다음 단어의 뜻을 천천히 떠올려보세요.

enthusiastically	ailment
companion	agony
authentic	invade
liver	swift
eagerly	capture
throw	official
region	oppose
perish	resentment
resolve	prestige
rotten	murder
decay	plot
coffin	conspiracy
security	weave
arise	proficient
past	imitate
combat	dilemma
boundary	abruptly
recollect	decade
request	lament
disease	

8. King's trusty follower

고굉지신

股넓적다리 고 肱팔뚝 굉 之어조사 지 臣신하 신
임금이 자신의 다리와 팔뚝처럼 소중히 여기는 신하라는 뜻이다.

　고굉지신이라는 말은 순 임금이 신하들에게 자신을 잘 assist(=aid)하여 나랏일에 힘써줄 것을 당부하며 다음과 같이 말한 것에서 비롯되었다.

　"그대들은 짐의 팔과 다리(고굉股肱)이며 눈과 귀다. 내가 백성들을 돕고자 하니 그대들도 신하로서 나를 힘써 도와 달라. 내가 dignity를 온 천하에 떨치려 하거든 그대들이 대신해 달라. 나에게 어긋남이 있을 때는 그대들이 나의 잘못을 바로잡아 달라.

　내 앞에서는 obey하는 척하고 backward에서 이러저러한 쓸데없는 소리를 하지 말고 그 자리에서 직접 충고해 달라. 또한 전후좌우의

colleague들과 서로 reverence하며 courtesy(=politeness)에 어긋남이 없도록 해주기 바란다.

　관리들은 백성들의 뜻을 나에게 deliver하는 것이 duty이니 올바른 이치를 세상에 크게 spread할 것이며, 잘못을 repent하는 자가 있으면 받들어 등용하고 그렇지 않은 자에겐 철퇴를 가해 나라의 authority를 보이도록 하라."

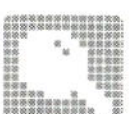 본문에 나오는 단어의 뜻이 무엇일지 문맥에 맞게 추측해 써보세요.

95. **assist**	102. **courtesy**
96. **aid**	103. **politeness**
97. **dignity**	104. **deliver**
98. **obey**	105. **duty**
99. **backward**	106. **spread**
100. **colleague**	107. **repent**
101. **reverence**	108. **authority**

 추측한 단어들을 이용해 이야기를 다시 한 번 읽어보고 제목의 의미를 생각해보세요.

고굉지신 means "king's trusty follower".

고굉지신은 _______________________________라는 뜻이다.

 이제 다음 장에 나와 있는 단어의 뜻을 보고 확인 후 공부하세요.

King's trusty follower

(왕의 진실한 신하)

95. **assist** [əsíst] *v.* 원조하다, 돕다

    assistance [əsístəns] *n.* 원조, 도움

96. **aid** [eid] *v.* 원조하다, 돕다   *n.* 원조, 도움

97. **dignity** [dígnəti] *n.* 위엄, 존엄성, 품위

98. **obey** [oubéi] *v.* ~에 복종하다, ~에 따르다

    obedience [oubí:diəns] *n.* 복종

    obedient [oubí:diənt] *a.* 복종하는, 따르는

99. **backward** [bǽkwərd] *ad.* 뒤를 향해, 거꾸로   *a.* 뒤를 향한, 거꾸로의

    ▶word는 '~을 향해' 라는 방향의 의미를 갖는 접미어입니다. 그래서 back(뒤)+word(~을 향해)는 '뒤를 향해' 가 되는 거예요.

100. **colleague** [káli:g/kɔ́l-] *n.* 동료

101. **reverence** [révərəns] *n.* 숭배, 존경

    revere [rivíər] *v.* 숭배하다, 존경하다

102. **courtesy** [kɔ́:rtəsi] *n.* 예의 바름, 공손(정중)함

103. **politeness** [pəláitnis] *n.* 예의 바름, 공손

    polite [pəláit] *a.* 공손한, 예의 바른

    politely [pəláitli] *ad.* 공손히, 예절 바르게

104. **deliver** [dilívər] *v.* 1.교부하다, 배달(송달)하다, 전하다 2.(연설을) 하다, (의견을) 말하다

    delivery [dilívəri] *n.* 교부, 배달, 전달

▶연설은 자신의 생각을 듣는 사람에게 '전하는' 것이죠. 그래서 가끔 '연설하다' 라는 뜻으로도 쓰입니다.

105. duty[djú:ti] *n.* 1.의무, 임무, 직무 2.세금

▶국민의 '의무' 중에 납세의 의무가 있죠. 그래서 '세금' 이라는 뜻으로 쓰이는 게 이상하진 않습니다.

106. spread[spred] *v.* 퍼뜨리다, 펼치다 *n.* 퍼짐, 펼친 폭, 넓이 *a.* 퍼져 있는, 퍼진

107. repent[ripént] *v.* 후회하다, 유감으로 생각하다

108. authority[əθɔ́:riti/əθár-/əθɔ́r-] *n.* 1.권위, 위엄 2.정부 당국 3.권위자

▶ '정부' 는 나라에서 가장 '권위' 있고 '위엄' 있는 기관이지요. 그렇다면 이 기관을 통솔하는 사람은 당연히 '권위자' 라 불릴 것입니다.

다음 단어의 뜻을 천천히 떠올려보세요.

assist
dignity
obey
backward
reverence
politeness
deliver
duty
repent
authority
aid
spread
courtesy
colleague

9. Enjoying a reign of peace

고
복
격
양

鼓두드릴 고 腹배 복 擊칠 격 壤흙덩이 양
배를 두드리고 땅을 치며 노래한다는 뜻으로 백성들이 태평성대를
누리는 것을 말한다.

요 임금이 천하를 reign한 지 50년이 지났다. 어느 날 요 임금은 민심을 observe하기 위해 평복을 입고 거리로 나갔다. 그때 어느 백발노인이 음식을 chew하고 belly를 두드리고 땅을 치며 박자에 맞추어 delightful(=pleasant)한 노래를 부르고 있었다.

해가 rise하면 일하고 해가 지면 잠들며
우물을 파서 마시고 밭을 갈아서 먹나니
임금의 덕 따위야 무엇하리요.

　　노인의 노래를 들은 요 임금은 비로소 안심했다. 백성들이 임금의 politics를 잊을 정도라는 것은 아무런 불만 없이 자기들의 생활을 즐기고 있다는 evidence였다. 이렇게 '고복격양' 은 군주의 이상적 통치로 백성이 태평성대를 누리고 있음을 뜻한다.

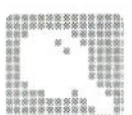

본문에 나오는 단어의 뜻이 무엇일지 문맥에 맞게 추측해 써보세요.

109. **reign**

110. **observe**

111. **chew**

112. **belly**

113. **delightful**

114. **pleasant**

115. **rise**

116. **politics**

117. **evidence**

추측한 단어들을 이용해 이야기를 다시 한 번 읽어보고 제목의 의미를 생각해보세요.

고복격양 means "enjoying a reign of peace".

고복격양은 _________________________라는 뜻이다.

이제 다음 장에 나와 있는 단어의 뜻을 보고 확인 후 공부하세요.

Enjoying a reign of peace
(태평성대를 즐기는 것)

109. **reign** [rein] *n.* 통치, 지배 *v.* 통치하다, 지배하다

110. **observe** [əbzə́:rv] *v.* 1.관찰하다 2.(법을) 지키다, 준수하다

   observation [àbzərvéiʃən/ɔ̀b-] *n.* 관찰

   observance [əbə́:rvəns] *n.* 준수, 지킴

111. **chew** [tʃu:] *v.* 씹다

112. **belly** [béli] *n.* 배, 복부

113. **delightful** [diláitfəl] *a.* 매우 기쁜, 즐거운

   delight [diláit] *n.* 기쁨, 즐거움 *v.* 기쁘게 하다, 즐겁게 하다

114. **pleasant** [plézənt] *a.* 즐거운, 기분 좋은, 유쾌한

   pleasure [pléʒər] *n.* 기쁨, 즐거움

115. **rise** [raiz] -**rose** [rouz] -**risen** [rízən] *v.* 일어나다, 오르다, (해·달이) 떠 오르다, 상승하다

116. **politics** [pálitiks/pɔ́l-] *n.* 정치, 정치학

   politician [pàlitíʃən/pɔ̀l-] *n.* 정치가

117. **evidence** [évidəns] *n.* 증거

   evident [évidənt] *a.* 명백한, 분명한

   ▶ '증거' 가 있다면 무엇이든 '명백' 하고 '분명' 하게 밝힐 수 있습니다.

   evidently [évidəntli/èvidént-/évidènt-] *ad.* 명백히, 분명히

10. A relaxed life without anxiety

고
침
안
면

高높을 고 枕베개 침 安편안할 안 眠잠잘 면
베개를 높이 베고 잠을 편안하게 잔다는 뜻으로 아무런 근심 · 걱정
없이 잘 지내는 상태를 말한다.

전국시대 중엽 위나라에는 소진과 장의라는 사람이 있었다. 소진은
여섯 나라를 합쳐 진(秦)나라에 resist하려고 힘을 썼다. 그러나 장의는
여섯 나라가 respectively 따로따로 진과 alliance(=confederation)를

맺고 진을 따라야 한다고 insist(=assert)했다.

장의는 진나라가 뒤를 봐줄 것이라 믿고 이웃 나라를 침범하는 등 temper가 evil(=wicked)했다. 그는 진의 혜문왕 10년째 되는 해에 위나라를 침략했다. 그리고 나중에 위나라의 재상이 되어 위의 양왕과 애왕에게 진과 동맹을 맺을 것을 권했다.

그러나 위나라가 이를 refuse(=reject=decline)하자 진나라는 본보기로 한나라를 conquer하여 주변 국가들의 lord들을 threat했다. 이 opportunity를 이용하여 장의는 애왕을 이렇게 persuade했다.

"위나라는 작은 나라입니다. 남쪽은 초나라, 위쪽은 한나라, 동쪽은 제나라, 북쪽은 조나라와 접경하여 열강들 틈에 끼어 자칫 전쟁터가 될 수 있습니다. besides(=additionally=moreover=furthermore) 어느 나라와 손을 잡아도 다른 나라의 hostility를 사게 되어 있습니다.

만일 진나라를 받아들이지 않는다면 진은 위와 조의 길목을 끊고 한을 끌어들여 한과 함께 위를 raid(=attack)할 것입니다. 그런데 진을 받아들이면 초와 한은 dreadful한 나머지 섣불리 움직이지 않을 것입니다. 이렇게 anxiety가 없어지면 왕께서는 베개를 높이 베고 편히 잠을 잘 수 있을 것입니다."

장의의 말을 들은 애왕은 할 수 없이 진나라와 동맹을 맺었는데 이는 결국 복종과 다름없었다. 이때부터 '고침안면'은 편안히 잠자는 것을 이르는 말이 되었다.

 본문에 나오는 단어의 뜻이 무엇일지 문맥에 맞게 추측해 써보세요.

118. **resist**	127. **refuse**	136. **additionally**
119. **respectively**	128. **reject**	137. **moreover**
120. **alliance**	129. **decline**	138. **furthermore**
121. **confederation**	130. **conquer**	139. **hostility**
122. **insist**	131. **lord**	140. **raid**
123. **assert**	132. **threat**	141. **attack**
124. **temper**	133. **opportunity**	142. **dreadful**
125. **evil**	134. **persuade**	143. **anxiety**
126. **wicked**	135. **besides**	

 추측한 단어들을 이용해 이야기를 다시 한 번 읽어보고 제목의 의미를 생각해보세요.

고침안면 means "a relaxed life without anxiety".

고침안면은 ________________________라는 뜻이다.

 이제 다음 장에 나와 있는 단어의 뜻을 보고 확인 후 공부하세요.

A relaxed life without anxiety
(걱정 없는 편안한 삶)

118. **resist** [rizíst] *v.* ~에 저항하다, 견디다

    resistance [rizístəns] *n.* 저항, 반항   **resistible** [rizístəbəl] *a.* 저항할 수 있는, 견딜 수 있는 ↔ **irresistible** [ìrizístəbəl] *a.* 저항할 수 없는, 견딜 수 없는

119. **respectively** [rispéktivli] *ad.* 각각으로, 각자로

    respective [rispéktiv] *a.* 각각의, 각자의

120. **alliance** [əláiəns] *n.* 동맹, 제휴

    ally [əlái/ǽlai] *v.* 동맹(연합)하다 *n.* 동맹국, 동맹자

121. **confederation** [kənfèdəréiʃən] *n.* 동맹, 연합, 동맹국, 연방

    confederate [kənfédərit] *a.* 동맹한, 연합한 *n.* 동맹자, 연합국 *v.* 동맹(연합)하다

122. **insist** [insíst] *v.* 주장하다, 고집하다

123. **assert** [əsə́:rt] *v.* 주장하다

    assertion [əsə́:rʃən] *n.* 주장

124. **temper** [témpər] *n.* 1. 기질, 성질 2. 화, 짜증 3. 침착

    ▶ '성질' 낸다는 게 '화'를 낸다는 뜻도 되죠. 그리고 화를 내면 '침착'해지려 노력해야겠죠. 그래서 화, 침착이라는 뜻도 있답니다.

125. **evil** [í:vəl] *a.* 사악한, 나쁜 *n.* 악, 불행

126. **wicked** [wíkid] *a.* 악한, 사악한

127. **refuse** [rifjú:z] *v.* 거절하다, 거부하다

    refusal [rifjú:zəl] *n.* 거절, 거부

128. **reject**[ridʒékt] *v.* 거절하다, 거부하다

129. **decline**[dikláin] *v.* 1.거절하다 2.아래로 기울이다 3.하락하다, 감퇴(쇠퇴)하다

▶무엇인가를 '거절하' 게 되면 침울한 마음에 고개를 '기울이' 겠죠. 고개를 기울이는 건 고개를 아래로 한다는 것이니 '하락한다' 는 뜻과도 연관이 있습니다. 하락한다는 건 또한 기운이 떨어지는 것, 즉 '감퇴(쇠퇴)하' 는 것과도 관계가 있습니다. decline은 문맥에 따라 이렇게 여러 뜻으로 쓰입니다.

130. **conquer**[kάŋkər/kɔ́ŋ-] *v.* 정복하다 **conquest**[kάŋkwest/kɔ́ŋ-] *n.* 정복
conqueror[kάŋkərər/kɔ́ŋ-] *n.* 정복자

131. **lord**[lɔːrd] *n.* 지배자, 영주

132. **threat**[θret] *n.* 위협, 협박 **threaten**[θrétn] *v.* 위협하다, 협박하다

133. **opportunity**[àpərtjúːnəti/ɔ̀pər-] *n.* 기회

134. **persuade**[pəːrswéid] *v.* 설득하다 **persuasion**[pərswéiʒən] *n.* 설득

135. **besides**[bisáidz] *ad.* 게다가, 더욱이 *prep.* ~외에(도)

136. **additionally**[ədíʃənəli] *ad.* 게다가, 더욱이

137. **moreover**[mɔːróuvər] *ad.* 게다가, 더욱이

138. **furthermore**[fə́ːrðərmɔ̀ːr] *ad.* 게다가, 더욱이

139. **hostility**[hάstíləti/hɔ́s-] *n.* 적의, 적대감
hostile[hάstil/hɔ́stail] *a.* 적의 있는, 적대적인

140. **raid**[reid] *n.* 급습, 습격 *v.* 급습하다, 습격하다

141. **attack**[ətǽk] *n.* 공격, *v.* 공격하다

142. **dreadful**[drédfəl] *a.* 무서운, 두려운
dread[dred] *v.* 두려워하다 *n.* 두려움, 공포

143. **anxiety**[æŋzáiəti] *n.* 걱정, 근심

다음 단어의 뜻을 천천히 떠올려보세요.

temper	decline
reign	conquer
furthermore	chew
belly	lord
additionally	threat
pleasant	opportunity
rise	persuade
besides	moreover
politics	observe
evidence	hostility
resist	raid
respectively	dreadful
alliance	assert
confederation	anxiety
insist	attack
evil	
wicked	
refuse	
reject	
delightful	

11. A flattering attitude against the doctrine

곡학아세

曲굽을 곡 學배울 학 阿아첨할 아 世세대 세
학문의 도리를 굽혀 권세에 아첨함을 말한다. 배운 대로 행하지 않고
출세에 눈이 어두워 정의와 진리를 어기고 세상에 아부하는 태도를
일컫는다.

원고생은 전한나라 경제 때의 scholar였다. 그는 학문이 깊어 박사
라는 벼슬을 했고 두려움 없이 frankly하게 말을 잘하기로 유명했다.

경제의 뒤를 이어 황제의 자리에 오른 무제가 원고생을 등용하려 하
자 사이비 학자들이 원고생을 blame(=condemn)하기 시작했다. 그러
나 무제는 공손홍과 원고생을 함께 등용했다.

공손홍은 원고생이 늙었다는 이유로 그를 despise(=scorn)했다. 원
고생은 이에 개의치 않고 말했다.

"공손홍은 부디 자기가 믿는 doctrine을 구부려 세상의 속물들에게
flattery하지 말게. 자네는 학문을 좋아하니 선비로서 올바른 학문을 펼

처가길 바라네."

이러한 충고를 들은 공손홍은 비로소 원고생의 splendid한 인격과 abundant(=plentiful)한 학식에 크게 감동받았다. 그리고 이후 자신의 arrogant한 행동을 뉘우치고 그의 pupil이 되었다.

 본문에 나오는 단어의 뜻이 무엇일지 문맥에 맞게 추측해 써보세요.

144. **scholar**	151. **flattery**
145. **frankly**	152. **splendid**
146. **blame**	153. **abundant**
147. **condemn**	154. **plentiful**
148. **despise**	155. **arrogant**
149. **scorn**	156. **pupil**
150. **doctrine**	

 추측한 단어들을 이용해 이야기를 다시 한 번 읽어보고 제목의 의미를 생각해보세요.

곡학아세 means "a flattering attitude against the doctrine".

곡학아세는 ＿＿＿＿＿＿＿＿＿＿＿＿＿＿＿＿＿＿라는 뜻이다.

 이제 다음 장에 나와 있는 단어의 뜻을 보고 확인 후 공부하세요.

A flattering attitude against the doctrine

(원칙을 저버리고 아첨하는 태도)

144. scholar[skálər/skɔ́l-] *n.* 학자

145. frankly[frǽŋkli] *ad.* 솔직히, 숨김없이

146. blame[bleim] *v.* 비난하다, 나무라다

147. condemn[kəndém] *v.* 1.비난하다, 나무라다 2.~에게 유죄 판결을 내리다, ~에게 형을 선고하다.

▶유죄가 인정되어 재판관에게 '형을 선고' 받으면 우리는 그 죄인이 저지른 범죄에 대해 '비난하' 고 '나무라' 기도 하지요.

148. despise[dispáiz] *v.* 경멸하다, 멸시하다, 얕보다

149. scorn[skɔːrn] *v.* 경멸하다, 멸시하다

150. doctrine[dáktrin/dɔ́k-] *n.* 교리, 주의, 학설

151. flattery[flǽtəri] *n.* 아첨 **flatter**[flǽtər] *v.* 아첨하다, 아부하다

152. splendid[spléndid] *a.* 빛나는, 훌륭한, 멋진
splendor[spléndər] *n.* 빛남, 훌륭함, 반짝임

153. abundant[əbʌ́ndənt] *a.* 풍부한, 많은
abundantly[əbʌ́ndəntli] *ad.* 풍부하게, 많이

154. plentiful[pléntifəl] *a.* 풍부한, 많은 **plenty**[plénti] *n.* 풍부함, 많음

155. arrogant[ǽrəgənt] *a.* 거만(오만)한, 건방진
arrogance[ǽrəgəns] *n.* 거만, 건방짐

156. pupil[pjúːpəl] *n.* 1.학생, 제자 2.눈동자

▶배우려는 열의로 가득 찬 '학생' 의 '눈동자' 는 초롱초롱하게 빛나지 않을까요? 그래서 눈동자라는 뜻으로도 많이 써요.

12. An extremely close friendship

관
포
지
교

管대롱 관 鮑절인 고기 포 之어조사 지 交사귈 교
관중과 포숙의 우정처럼 서로 믿고 이해하는 친밀하고 두터운 교우 관계를 이르는 말이다.

관중과 포숙은 오랜 친구 사이였다. 둘은 함께 장사를 했는데 profit을 나눌 때 늘 관중이 많은 share를 가져갔다. 그러나 포숙은 그런 그가 greed가 많다고 여기지 않았다. 관중의 집안이 가난하다는 것을 알고 있었기 때문이었다.

또 관중은 몇 번이나 벼슬에 올랐으나 얼마 지나지 않아 벼슬에서 expel(=fire)되었다. 그러나 포숙은 관중이 capable한 사람이 아니라고 생각지 않았다. 사람에게는 favorable한 때와 반대로 불리한 때가 있음을 알고 있었기 때문이다.

관중이 세 번 전쟁터에 나가 세 번 모두 flee했을 때도 포숙은 그를

coward라 여기지 않았다. 관중에게 노모가 계신 것을 알고 그의 마음을 comprehend할 수 있었기 때문이다.

결국 관중은 매우 훌륭한 재상이 되었다. 그리고 훗날 "나를 낳아준 분은 부모님이지만 나를 appreciate해준 사람은 포숙이다"라고 회상했다.

세상 사람들은 관중의 현명함보다 오히려 포숙의 사람을 accurate하게 알아보는 sensible한 눈을 칭찬했다.

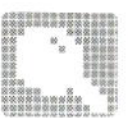 본문에 나오는 단어의 뜻이 무엇일지 문맥에 맞게 추측해 써보세요.

157. **profit**	164. **flee**
158. **share**	165. **coward**
159. **greed**	166. **comprehend**
160. **expel**	167. **appreciate**
161. **fire**	168. **accurate**
162. **capable**	169. **sensible**
163. **favorable**	

 추측한 단어들을 이용해 이야기를 다시 한 번 읽어보고 제목의 의미를 생각해보세요.

관포지교 means "an extremely close friendship".

관포지교는 ______________________________라는 뜻이다.

 이제 다음 장에 나와 있는 단어의 뜻을 보고 확인 후 공부하세요.

An extremely close friendship
(대단히 가까운 친구)

157. **profit** [práfit/prɔ́f-] *n.* 이익, 수익 *v.* 이익이 되다, 수익을 얻다
  profitable [práfitəbəl/prɔ́f-] *a.* 유리한, 이익이 되는
158. **share** [ʃɛər] *n.* 몫, 할당 *v.* 1. 몫을 나누다 2. 공유하다
  ▶ 각자의 '몫' 을 나누어 가진다는 의미는 곧 어떤 것을 '공유한다' 는 말 과 같은 뜻이죠.
159. **greed** [gri:d] *n.* 탐욕, 욕심 **greedy** [grí:di] *a.* 탐욕스러운, 욕심 많은
160. **expel** [ikspél] *v.* 쫓아내다, 추방하다, 방출하다
161. **fire** [faiər] *n.* 불 *v.* 1. 불을 붙이다 2. 총을 쏘다 3. 쫓아내다, 해고하다
  ▶ fire가 불, 불을 붙이다, 총을 쏘다의 뜻이라는 것은 많이 알고 있을 겁 니다. 여기에 '쫓아내다' , '해고하다' 라는 의미까지 있다는 것도 알아 두세요.
162. **capable** [kéipəbəl] *a.* 유능한, 능력이 있는 ↔ **incapable** [inkéipəbəl] *a.* 무능한, 능력 없는
  capability [kèipəbíləti] *n.* 유능, 능력 ↔ **incapability** [inkèipəbíləti] *n.* 무능
163. **favorable** [féivərəbəl] *a.* 1. 유리한 2. 호의를 보이는
  favor [féivər] *n.* 1. 호의 2. 찬성 *v.* 1. 호의를 보이다 2. 찬성하다
164. **flee** [fli:] **-fled** [fled] **-fled** [fled] *v.* 달아나다, 도망하다
165. **coward** [káuərd] *n.* 겁쟁이 *a.* 겁 많은, 비겁한
166. **comprehend** [kàmprihénd/kɔ̀mpr-] *v.* 이해하다, 깨닫다
  comprehension [kàmprihénʃən/kɔ̀m-] *n.* 이해

167. **appreciate**[əprí:ʃièit] *v.* 1.감상하다 2.평가하다 3.진가를 인정하다 4.
감사하다

appreciation[əprì:ʃiéiʃən] *n.* 1.감상 2.평가 3.인정 4. 감사

▶이 단어는 "어떤 예술품을 '감상한' 후 그 예술품의 가치를 '평가하'
고 예술품의 '진가를 인정한' 다음, 그 예술품을 만든 작가의 노고에
'감사한다'"고 연결 지어 생각하면 쉽게 머릿속에 입력될 겁니다.

168. **accurate**[ǽkjərit] *a.* 정확한

accurately[ǽkjərətli] *ad.* 정확하게

accuracy[ǽkjərəsi] *n.* 정확, 정밀

169. **sensible**[sénsəbəl] *a.* 분별 있는, 현명한

다음 단어의 뜻을 천천히 떠올려보세요.

share	capable
scholar	flattery
frankly	condemn
blame	flee
favorable	coward
despise	appreciate
scorn	arrogant
doctrine	sensible
greed	
accurate	
splendid	
abundant	
plentiful	
comprehend	
pupil	
profit	
expel	
fire	

13. Being astonished at someone else's sudden progress

쉬비빌 괄 目눈 목 相서로 상 對대할 대
눈을 비비고 다시 보며 상대를 대한다는 뜻. 전보다 몰라볼 정도로
상대의 학식이나 재능이 향상됨을 일컫는다.

오나라의 손권이 거느리고 있는 부하 중에 여몽이라는 장수가 있었다. 그는 매우 ignorant한 사람이었으나 전쟁에서 세운 공으로 장군까지 promotion한 사람이었다.

하루는 손권이 그에게 이론적인 strategy를 공부하라고 충고했다. 이에 여몽은 깊이 깨우치고 nod했다.

얼마 후 뛰어난 학식을 가진 노숙이 여몽과 consult할 일이 있어 그를 찾아갔다. 노숙은 여몽과 이야기를 나누던 중에 그의 박식함에 astonished(=astounded=stunned=amazed)하고 말았다.

"언제 그렇게 학문을 익혔는가? 예전의 여몽이 아니군!"

그러자 여몽은 이렇게 respond했다.

"선비는 헤어진 지 사흘이 지나면 눈을 rub하고 다시 대할 정도로 달라져 있어야 하는 법이네."

 본문에 나오는 단어의 뜻이 무엇일지 문맥에 맞게 추측해 써보세요.

170. **ignorant**	176. **astound**
171. **promotion**	177. **stun**
172. **strategy**	178. **amaze**
173. **nod**	179. **respond**
174. **consult**	180. **rub**
175. **astonish**	

 추측한 단어들을 이용해 이야기를 다시 한 번 읽어보고 제목의 의미를 생각해보세요.

괄목상대 means "being astonished at someone else's sudden progress".

괄목상대는 _______________________________라는 뜻이다.

 이제 다음 장에 나와 있는 단어의 뜻을 보고 확인 후 공부하세요.

Being astonished at someone else's sudden progress
(누군가의 갑작스런 발전에 놀라는 것)

170. **ignorant** [ígnərənt] *a.* 무지한, 무식한, (어떤 일을) 모르는

    ignorance [ígnərəns] *n.* 무지, 무식

171. **promotion** [prəmóuʃən] *n.* 1.승진 2.촉진 3.홍보

    promote [prəmóut] *v.* 1.승진시키다 2.촉진하다, 장려하다 3.홍보하다

172. **strategy** [strǽtədʒi] *n.* 병법, 전략

173. **nod** [nɑd/nɔd] *v.* 고개를 끄덕이다

174. **consult** [kənsʌ́lt] *v.* 상담하다, 참고하다, 의논하다

175. **astonish** [əstániʃ/-tɔ́n-] *v.* 깜짝 놀라게 하다

    astonishing [əstániʃiŋ/-tɔ́n-] *a.* 깜짝 놀라게 하는

    astonished [əstániʃt/-tɔ́n-] *a.* 깜짝 놀란

    ▶ 이미 앞에서 설명했지만 다시 한 번 복습해볼까요? 동사 +ing 형태는 능동의 의미를 갖는 형용사 역할을 하는 현재분사로서 동작의 주체가 어떤 동작을 능동적으로 하는 것을 의미합니다. 동사 +ed 형태는 수동의 의미를 갖는 형용사 역할을 하는 과거분사로서 동작의 주체가 어떤 동작을 수동적으로 받는 것을 의미합니다.

176. **astound** [əstáund] *v.* 깜짝 놀라게 하다

    astounding [əstáundiŋ] *a.* 깜짝 놀라게 하는

    astounded [əstáundid] *a.* 깜짝 놀란

177. **stun** [stʌn] *v.* 놀라게 하다

    stunning [stʌ́niŋ] *a.* 놀라게 하는   **stunned** [stʌ́nid] *a.* 놀란

178. amaze[əméiz] *v.* 놀라게 하다

　　amazing[əméiziŋ] *a.* 놀라게 하는

　　amazed[əméizd] *a.* 놀란

179. respond[rispánd/-spɔ́nd] *v.* 응답하다, 반응하다

　　response[rispáns/-spɔ́ns] *n.* 응답, 반응

180. rub[rʌb] *v.* 문지르다, 비비다

　　rubber[rʌ́bər] *n.* 고무, 지우개

　　▶ '지우개'는 얼룩을 '문지르'고 '비벼서' 지우는 도구입니다.

14. A stubborn person or behavior without the flexibility

膠아교 교 柱기둥 주 鼓북 고 瑟악기 이름 슬
비파나 거문고를 기둥에 풀로 붙여 놓고 연주한다는 뜻으로 융통성
을 모르는 고집불통의 앞뒤가 꽉 막힌 원칙주의자를 말한다.

조나라에 조괄이라는 intelligent한 학자가 있었다. 그는 어려서부터 부친이 남겨준 병서를 읽는 데 absorbed(=devoted=indulged)해서 군사 이론에 밝았다. 그러나 그의 이론은 실제 경험과는 전혀 관계가 없는 groundless한 것이었기 때문에 현실에는 fit(=appropriate)하지 않았다.

진(秦)나라가 조나라를 침략했을 때 진나라는 자신들이 싸움에 불리해지자 첩자를 조나라에 들여보내 gossip을 터뜨렸다.

"진나라 사람들은 조나라 대장이 조괄이 되면 어쩌나 하고 겁을 먹고 있다. 지금 대장인 염파는 늙어서 조금도 두렵지 않다."

　왕은 이 뜬소문을 듣고 염파 대신 조괄을 대장으로 appoint했다. 그때 인상여가 강하게 반대하며 말했다.

　"조괄을 대장으로 임명하시는 것은 마치 column에 거문고를 paste로 붙여 놓고 연주하는 것과 같습니다. 이렇게 하면 거문고는 한 가지 소리밖에 나지 않지요. 조괄은 학자일 뿐 전투에 대해서는 아는 것이 없고, 때에 맞추어 유연하게 adaptation(=adjustment)을 할 줄 모릅니다."

　그러나 왕은 인상여의 말을 귀담아 듣지 않고 조괄을 끝내 대장으로 임명했다.

　조나라의 40만 military는 조괄이 오직 병서 이론만으로 lead함으로써 하루아침에 참패를 당했다. 기둥에 대고 거문고를 타니 소리가 제대로 날 리 없었다.

　세상일은 principle만으로 되지 않는다. 때로 flexible한 자세가 필요하다.

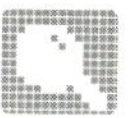

본문에 나오는 단어의 뜻이 무엇일지 문맥에 맞게 추측해 써보세요.

181. **intelligent**

182. **absorbed**

183. **devoted**

184. **indulged**

185. **groundless**

186. **fit**

187. **appropriate**

188. **gossip**

189. **appoint**

190. **column**

191. **paste**

192. **adaptation**

193. **adjustment**

194. **military**

195. **lead**

196. **principle**

197. **flexible**

추측한 단어들을 이용해 이야기를 다시 한 번 읽어보고 제목의 의미를 생각해보세요.

교주고슬 means "a stubborn person or behavior without the flexibility".

교주고슬은 ________________________________라는 뜻이다.

이제 다음 장에 나와 있는 단어의 뜻을 보고 확인 후 공부하세요.

A stubborn person or behavior without the flexibility

(융통성 없는 고집 센 사람이나 행동)

181. **intelligent** [intélədʒənt] *a.* 지적인, 지성을 갖춘, 영리한

    intelligence [intélədʒəns] *n.* 지성, 지혜, 총명

182. **absorbed** [əbsɔ́ːrbd/-zɔ́ːrbd] *a.* 열중한, 몰두한, 흡수되어진

    absorb [əbsɔ́ːrb/-zɔ́ːrb] *v.* 흡수하다, 열중하게 하다

    absorbing [əbsɔ́ːrbiŋ/-zɔ̀ːrb-] *a.* 흡수하는, 열중하게 하는

    absorption [əbsɔ́ːrpʃən/-zɔ̀ːrp-] *n.* 흡수, 열중

    ▶정신이 완전히 '흡수' 되었다는 것은 무엇인가에 푹 빠져서 몰두된 상태를 가리킵니다. 그래서 '열중한', '몰두한' 의 의미로 쓰이는 거죠.

183. **devoted** [divóutid] *a.* 1. 몰두한 2. 헌신적인

    devote [divóut] *v.* 1. 몰두하다 2. 헌신하다

    devotion [divóuʃən] *n.* 1. 몰두 2. 헌신

184. **indulged** [indʌ́ldʒd] *a.* 몰두한, 전념하는, 탐닉하는

    indulge [indʌ́ldʒ] *v.* 몰두하다, 탐닉하다

    indulgence [indʌ́ldʒəns] *n.* 1. 몰두, 탐닉 2. 관용, 너그러움

    indulgent [indʌ́ldʒənt] *a.* 관대한, 너그러운

    ▶안 좋은 일에 '몰두' 해도 크게 꾸짖지 않고 용서한다면 그것이 바로 '너그러움' 이고 '관용' 이겠죠. 생뚱맞아 보이기도 하지만 잘 생각해보면 의미가 통하는 것을 알 수 있습니다.

185. **groundless** [gráundlis] *a.* 근거 없는

186. **fit** [fit] *a.* 1. 적합한, 딱 들어맞는 2. 건강한 *v.* 적합하다, 들어맞다 *n.* 적합성

187. **appropriate** [əpróuprièit] *a.* 적절한

188. **gossip** [gásip/gɔ́s-] *n.* 세상 이야기, 소문

189. **appoint** [əpɔ́int] *v.* 1. 지명하다, 임명하다 2. 약속하다

　　appointment [əpɔ́intmənt] *n.* 1. 지명, 임명 2. 약속

　　▶언제, 어디서, 무엇을 할 것인지를 '지명' 한다는 것은 무엇인가를 하기로 '약속' 했다는 뜻으로도 해석할 수 있습니다.

190. **column** [káləm/kɔ́l-] *n.* 1. 기둥 2. 세로줄 3. (신문) 칼럼

　　▶'기둥' 이 세로(수직)로 서 있기 때문에 '세로줄' 이란 의미로도 쓰이고, 신문의 성격을 결정하는 중요한 기둥 역할을 하는 것이 칼럼이기 때문에 '신문 칼럼' 이라는 뜻도 가지는 게 아닐까요?

191. **paste** [peist] *n.* 풀, 반죽 *v.* 풀로 바르다

192. **adaptation** [æ̀dəptéiʃən] *n.* 1. 적응 2. 개작, 각색

　　adapt [ədǽpt] *v.* 1. 적응시키다 2. 개작하다, 각색하다

　　adaptable [ədǽptəbəl] *a.* 1. 적응할 수 있는 2. 개작할 수 있는, 각색할 수 있는

　　▶소설을 영화로 만들려면 줄거리를 시나리오로 만들 수 있게 '적응' 시켜야겠죠. 그래서 '개작' , '각색' 이란 뜻으로도 쓰입니다.

193. **adjustment** [ədʒʌ́stmənt] *n.* 적응, 조정

　　adjust [ədʒʌ́st] *v.* 적응시키다, 조정하다

194. **military** [mílitèri/-təri] *n.* 군대, 군인 *a.* 군대의, 군인의

195. **lead** [liːd] **-led** [led] **-led** [led] *v.* 이끌다, 인도하다 *n.* 통솔, 앞섬

196. **principle** [prínsəpl] *n.* 원리, 원칙

197. **flexible** [fléksəbəl] *a.* 1. 구부리기 쉬운, 유연성 있는 2. 융통성 있는

　　flexibility [flèksəbíləti] *n.* 1. 유연성 2. 융통성

다음 단어의 뜻을 천천히 떠올려보세요.

strategy	adaptation
nod	adjustment
lead	military
astound	groundless
amaze	principle
respond	stun
rub	ignorant
intelligent	absorbed
devoted	astonish
paste	indulged
flexible	
fit	
consult	
appropriate	
gossip	
appoint	
column	
promotion	

교 토 사 양 구 팽

狡교활할 교 兎토끼 토 死죽을 사 良좋을 양 拘개 구 烹삶을 팽
교활한 토끼가 잡히면 충실한 사냥개가 삶겨 먹힌다는 뜻으로, 이용
하다 쓸모가 없어지면 가차 없이 버릴 때 쓰는 말이다. 줄여서 '토사
구팽' 이라고도 한다.

항우가 망하고 천하는 한나라의 손에 들어갔다. 한나라 왕 유방이
throne에 올라 한고조가 되었다.

그 당시 초나라의 왕은 한신이었는데 이 한신 밑에는 항우의 용맹한
장수였던 종지매가 있었다. 어느 날 한신에게 cunning한 신하가 "종
지매의 목을 가지고 한 고조를 뵈면 만사가 좋게 될 것입니다"라고 말했
다. 신하의 말이 옳다고 생각한 한신은 이 말을 그대로 종지매에게 가서
전했다.

그러자 종지매는 "고조가 초를 침범하지 못하는 것은 자네 밑에 내가
있기 때문이네. 그런데 자네가 나를 죽여 고조에게 준다면 자네도 곧 나

와 같은 꼴이 될 걸세. 자네는 정말 어리석군. 좋아, 내가 죽어주지” 하고는 스스로 suicide했다.

한신은 좋아하면서 종지매의 목을 가지고 한 고조 유방에게 갔다가 도리어 rebellion(=revolt)을 했다는 guilt(=sin)로 체포되고 말았다. 한신은 fury(=rage)하여 울부짖었다.

“교활한 토끼를 다 잡고 나니 이번엔 주인에게 faithful(=loyal)한 사냥개가 삶아지는구나. 온갖 힘을 다해 한 고조를 섬겼지만 결국 내가 죽는구나!”

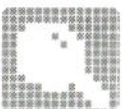

본문에 나오는 단어의 뜻이 무엇일지 문맥에 맞게 추측해 써보세요.

198. **throne**	204. **sin**
199. **cunning**	205. **fury**
200. **suicide**	206. **rage**
201. **rebellion**	207. **faithful**
202. **revolt**	208. **loyal**
203. **guilt**	

추측한 단어들을 이용해 이야기를 다시 한 번 읽어보고 제목의 의미를 생각해보세요.

교토사양구팽 means "eliminating someone after using up all of his or her ability".

교토사양구팽은 ________________________라는 뜻이다.

이제 다음 장에 나와 있는 단어의 뜻을 보고 확인 후 공부하세요.

Eliminating someone after using up all of his or her ability

(누군가의 능력을 다 이용해먹은 후에 버리는 것)

198. **throne** [θroun] *n.* 왕좌, 옥좌

199. **cunning** [kʌ́niŋ] *a.* 약삭빠른, 교활한 *n.* 교활, 잔꾀

200. **suicide** [súːəsàid] *v.* 자살하다 *n.* 자살

201. **rebellion** [ribéljən] *n.* 반역, 반항

    rebel [rébəl] *v.* 반역하다, 반항하다 *n.* 반역자 *a.* 반역의, 반항적인

202. **revolt** [rivóult] *n.* 반역, 반항 *v.* 반란을 일으키다, 반항하다

203. **guilt** [gilt] *n.* 죄, 죄책감

    guilty [gílti] *a.* 죄가 있는

204. **sin** [sin] *n.* 죄 *v.* 죄를 범하다

205. **fury** [fjúəri] *n.* 분노, 격정

    furious [fjúəriəs] *a.* 분노한, 격렬한

206. **rage** [reidʒ] *n.* 분노, 격정 *v.* 분노하다, 사납게 날뛰다

207. **faithful** [féiθfəl] *a.* 충실한, 신뢰할 수 있는

    faith [feiθ] *n.* 신뢰, 믿음, 충실

208. **loyal** [lɔ́iəl] *a.* 충성스러운, 성실한

    loyalty [lɔ́iəlti] *n.* 충성, 성실

구
밀
복
검

口입 구 蜜꿀 밀 腹배 복 劍칼 검
입에는 꿀을 머금고 뱃속에는 칼을 품었다는 말이다. 겉으론 칭찬하
며 속으로는 악한 생각을 품고 있다는 뜻이다.

당나라 현종 때 이임보라는 재상이 있었다. 그는 왕을 꼬여 정치에 등

한하게 만들었다. 갖은 아첨을 하여 왕이 amusement(=entertainment)

에 빠지도록 부추겼다.

　현종은 당시 이미 양귀비에게 각별한 affection을 쏟고 있었다. 이를 틈타 이임보는 completely하게 권력을 seize(=grasp)하여 반대 세력을 어떤 mercy도 베풀지 않고 제거했다.

　다른 세력을 remove(=eliminate)할 때 이임보는 주로 입으로는 달콤한 말로 compliment를 하면서 뒤로 음모를 꾸미는 method을 썼다.

　그리하여 사람들은 "이임보는 입으로는 꿀 같은 말을 하지만 뱃속에는 terrible(=horrible=awful)한 칼을 품고 있는 자"라고 말했다.

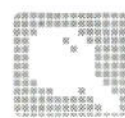

본문에 나오는 단어의 뜻이 무엇일지 문맥에 맞게 추측해 써보세요.

209. **amusement**

210. **entertainment**

211. **affection**

212. **completely**

213. **seize**

214. **grasp**

215. **mercy**

216. **remove**

217. **eliminate**

218. **compliment**

219. **method**

220. terrible

221. horrible

222. awful

추측한 단어들을 이용해 이야기를 다시 한 번 읽어보고 제목의 의미를 생각해보세요.

구밀복검 means "outward flattering and inward having hostility to a person".

구밀복검은 ___________________________라는 뜻이다.

이제 다음 장에 나와 있는 단어의 뜻을 보고 확인 후 공부하세요.

Outward flattering and inward having hostility to a person

(누군가에게 겉으로는 아첨하며 속에는 적대감을 품고 있는 것)

209. amusement[əmjúːzmənt] *n.* 즐거움, 놀이, 오락

    amuse[əmjúːz] *a.* 즐겁게 하다

    amused[əmjúːzd] *a.* 즐거운

    amusing[əmjúːziŋ] *a.* 즐겁게 하는

210. entertainment[èntərtéinmənt] *n.* 오락, 여흥

    entertain[èntərtéin] *v.* 즐겁게 하다, 환대하다

211. affection[əfékʃən] *n.* 애정

212. completely[kəmplíːtli] *ad.* 완전히, 완벽하게

    complete[kəmplíːt] *a.* 완전한, 완벽한 *v.* 완성하다, 끝마치다

213. seize[siːz] *v.* 1. 붙잡다 2. 강탈하다

    seizure[síːʒər] *n.* 1. 붙들기 2. 강탈

214. grasp[ɡræsp/ɡrɑːsp] *v.* 1. 붙잡다 2. 이해하다 *n.* 1. 붙들기 2. 이해

    ▶상대방이 말한 것을 내 머릿속에 '붙잡아' 두고 곰곰이 생각하다 보면 그 사람의 말을 '이해' 하게 되겠죠.

215. mercy[mə́ːrsi] *n.* 자비, 연민

    merciful[mə́ːrsifəl] *a.* 자비로운, 인정 많은

    merciless[mə́ːrsilis] *a.* 무자비한

216. remove[rimúːv] *v.* 1. 제거하다 2. 옮기다, 이동시키다

    removal[rimúːvəl] *n.* 1. 제거 2. 이동

217. eliminate[ilímənèit] *v.* 제거하다, 없애다

elimination[ilìmənéiʃən] *n.* 제거

218. compliment[kámpləmənt/kɔ́m-] *n.* 칭찬 *v.* 칭찬하다

complimentary[kàmpləméntəri/kɔ̀mplə-] *a.* 칭찬하는

219. method[méθəd] *n.* 방법, 방식

220. terrible[térəbəl] *a.* 1.무서운, 끔찍한 2.대단한

terror[térər] *n.* 두려움, 공포

terrific[tərífik] *a.* 훌륭한, 멋진

221. horrible[hɔ́:rəbəl/hár-] *a.* 무서운, 끔찍한

horror[hɔ́:rər/hár-] *n.* 공포, 두려움

222. awful[ɔ́:fəl] *a.* 두려운, 무시무시한

Pop Quiz!
확인하고 넘어가기

다음 단어의 뜻을 천천히 떠올려보세요.

throne	rebellion
seize	method
suicide	terrible
horrible	cunning
guilt	awful
sin	revolt
fury	entertainment
remove	mercy
rage	
faithful	
compliment	
amusement	
affection	
completely	
loyal	
grasp	
eliminate	

17. A small and trivial matter

구
우
일
모

九아홉 구 牛소 우 一한 일 毛털 모
아홉 마리의 소 가운데에서 뽑은 한 개의 털이란 뜻으로, 많은 일들
중에서 아주 작고 하찮은 일을 일컫는다.

한나라 무제 때 흉노족에게 surrender한 이릉 장군에게 내릴
punishment(=penalty)를 논의하고 있었다. 이때 태사령이었던 사마
천이 이릉을 advocate하고 나섰다. 이에 왕은 화가 나서 그를 궁형(생
식기를 자르는 형벌)에 처했다.

사마천은 엄청난 치욕을 느낀 나머지 스스로 목숨을 끊을 생각까지
생각했다. 하지만 중국 최초의 통사를 남기겠다는 꿈을 생각하며 마음
을 다잡았다. 그는 이때의 심정을 친구에게 편지를 써서 다음과 같이
confess했다.

"지금 만약 자살로 생을 끝맺는다면 마치 아홉 마리의 cattle 중에

하나의 fur가 없어지는 것과 같다."

이후 사마천은 역사 저술에 힘써 불후의 명작인 《사기(史記)》를 남길 수 있었다.

 본문에 나오는 단어의 뜻이 무엇일지 문맥에 맞게 추측해 써보세요.

223. **surrender**

224. **punishment**

225. **penalty**

226. **advocate**

227. **confess**

228. **cattle**

229. **fur**

 추측한 단어들을 이용해 이야기를 다시 한 번 읽어보고 제목의 의미를 생각해보세요.

구우일모 means "a small and trivial matter".

구우일모는 ______________________________라는 뜻이다.

 이제 다음 장에 나와 있는 단어의 뜻을 보고 확인 후 공부하세요.

A small and trivial matter
(작고 하찮은 문제)

223. **surrender** [səréndər] *v.* 포기하다, 굴복하다
224. **punishment** [pʌ́niʃmənt] *n.* 벌, 처벌
    punish [pʌ́niʃ] *v.* 벌주다, 혼내다
225. **penalty** [pénəlti] *n.* 1. 벌, 처벌 2. 벌금
226. **advocate** [ǽdvəkit/-kèit] *v.* 옹호하다, 변호하다 *n.* 옹호자, 변호사
227. **confess** [kənfés] *v.* 고백하다, 털어놓다
    confession [kənféʃən] *n.* 고백, 자백
228. **cattle** [kǽtl] *n.* 1. 소 2. 가축
229. **fur** [fəːr] *n.* 모피, 털

18. A noble man's three happiness in life

군자 군 子아들 자 三석 삼 樂즐거울 락
군자의 세 가지 즐거움이라는 뜻으로 인생삼락이라고도 한다.

《논어》에서 공자는 스스로 행복한 사람이라 했다.

이는 어떤 실수가 있을 때 깨우쳐주는 사람이 항상 beside에 있기 때문이라고 했다.

공자는 평소 앞의 instruction과 뒤의 가르침이 틀리다고 제자가 반문을 제기하면 제자의 말이 옳다고 하며 자신의 잘못을 솔직히 acknowledge하는 humble(=modest)한 심성을 지니고 있었다. 그는 또한 다음과 같이 군자의 세 가지 즐거움을 말했다.

"군자에게는 세 가지 즐거움이 있는데 부모가 모두 살아 계시고 형제가 무고한 것이 첫째 즐거움이요, 하늘을 우러러 부끄러움이 없고 사람을 굽어보아도 부끄럽지 않음이 둘째 즐거움이요, 천하의 genius를 얻어 education하는 것이 셋째 즐거움이다."

 본문에 나오는 단어의 뜻이 무엇일지 문맥에 맞게 추측해 써보세요.

230. **beside**

231. **instruction**

232. **acknowledge**

233. **humble**

234. **modest**

235. **genius**

236. **education**

 추측한 단어들을 이용해 이야기를 다시 한 번 읽어보고 제목의 의미를 생각해보세요.

군자삼락 means "a noble man's three happiness in life".

군자삼락은 ________________________라는 뜻이다.

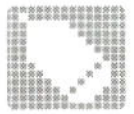 이제 다음 장에 나와 있는 단어의 뜻을 보고 확인 후 공부하세요.

A noble man's three happiness in life

(군자의 세 가지 즐거움)

230. **beside** [bisáid] *prep.* ~의 곁(옆)에

  ▶앞에서 공부한 besides와 혼동하지 마세요.

231. **instruction** [instrʌ́kʃən] *n.* 가르침, 지시, 교육

  instruct [instrʌ́kt] *v.* 가르치다, 지시하다, 교육하다

232. **acknowledge** [æknálidʒ/ik-/-nɔ́l-] *v.* 인정하다

  acknowledgement [æknálidʒmənt/ik-/-nɔ́l-] *n.* 인정

233. **humble** [hʌ́mbəl] *a.* 1. 겸손한 2. 하찮은, 시시한

  humility [hju:míləti] *n.* 겸손

234. **modest** [mádist/mɔ́d-] *a.* 1. 겸손한 2. 적절한, 적당한

  modesty [mádisti/mɔ́d-] *n.* 1. 겸손 2. 중용

  modestly [mádistli/mɔ́d-] *ad.* 1. 겸손하게 2. 적당하게

235. **genius** [dʒí:njəs/-niəs] *n.* 천재

236. **education** [èdʒukéiʃən] *n.* 교육

  educate [édʒukèit] *v.* 교육하다

권 도 중 래

捲말 권 土흙 토 重거듭할 중 來올 래
흙먼지를 날리며 다시 찾아온다는 뜻으로 한 번 실패한 사람이 다시
분발하여 결국 뜻을 이룬다는 말이다.

초나라 왕 항우가 최초로 군사를 일으켰을 때 군사들은 총 8,000명 정
도로 오중 일대에서 recruit한 군사들이었다. 그들은 진(秦)의 도읍 함

양에 입성해서 random으로 약탈과 살육을 했다.

　하지만 항우는 한나라 유방의 군대와의 싸움에서 패배를 거듭한 끝에 해하성에서 surround당하고 말았다. 유명한 '사면초가' 라는 말도 여기에서 나왔다. 항우가 hardly(=barely=rarely=scarcely=seldom) 포위망을 뚫고 도망쳐 나올 때는 고작 28명의 부하들만 survive했다.

　이때 뱃사공이 "뒤에는 한의 군대가 쫓아오고 있습니다. 지금 배를 타지 않으시면 끝장입니다"라고 말했다. 하지만 항우는 그의 호의를 거절했다.

　"8,000명으로 이 강을 건넜는데 나 혼자 살아 돌아가면 내가 무슨 면목으로 그들의 부모를 뵐 수 있겠는가?" 하고는 그 자리에서 목을 베 자결했다. 그의 나이 겨우 31세 때였다. 이로부터 1,000년이 지난 후 당나라의 시인 두목이 오강을 journey하다가 항우의 tragic한 최후에 감회가 깊어 시 한 수를 leave했다.

　　triumph와 패배는 병가(兵家)도 알지 못한다.
　　수치를 endure(=bear)하는 자가 genuine 남아이다.
　　강동의 자제 중엔 영웅이 많았거늘
　　dust를 일으키며 다시 왔으면 승패를 알 수 없었을 텐데.

 본문에 나오는 단어의 뜻이 무엇일지 문맥에 맞게 추측해 써보세요.

237. **recruit**

238. **random**

239. **surround**

240. **hardly**

241. **barely**

242. **rarely**

243. **scarcely**

244. **seldom**

245. **survive**

246. **journey**

247. **tragic**

248. **leave**

249. **triumph**

250. **endure**

251. **bear**

252. **genuine**

253. **dust**

 추측한 단어들을 이용해 이야기를 다시 한 번 읽어보고 제목의 의미를 생각해보세요.

권토중래 means "making another attempt for an achievement with renewed energies".

권토중래는 ________________________________라는 뜻이다.

 이제 다음 장에 나와 있는 단어의 뜻을 보고 확인 후 공부하세요.

Making another attempt for an achievement with renewed energies

(무엇인가를 성취하기 위해 다시 한 번 새로운 힘을 내어 시도하는 것)

237. **recruit** [rikrúːt] *v.* (신병, 신입사원)을 모집하다 *n.* 신병, 신입사원

238. **random** [rǽndəm] *a.* 무작위의, 순서 없는

    randomly [rǽndəmli] *ad.* 무작위로, 닥치는 대로

239. **surround** [səráund] *v.* 둘러싸다, 에워싸다, 포위하다

    surrounding [səráundiŋ] *n.* 주위 환경

    ▶ 우리 주변을 '에워싸고' 있는 환경이 바로 '주위 환경' 입니다.

240. **hardly** [háːrdili] *ad.* 1. 거의 ~아니다(않다) 2. 겨우, 간신히

241. **barely** [bɛ́ərli] *ad.* 1. 거의 ~아니다(않다) 2. 겨우, 간신히

242. **rarely** [rɛ́ərli] *ad.* 1. 거의 ~아니다(않다) 2. 겨우, 간신히

243. **scarcely** [skɛ́ərsli] *ad.* 1. 거의 ~아니다(않다) 2. 겨우, 간신히

244. **seldom** [séldəm] *ad.* 1. 거의 ~아니다(않다) 2. 겨우, 간신히

245. **survive** [sərváiv] *v.* 생존하다, 살아남다

    survival [sərváivəl] *n.* 생존, 생존자

246. **journey** [dʒə́ːrni] *n.* 여행, 여정

247. **tragic** [trǽdʒik] *a.* 비극의, 비극적인

    tragedy [trǽdʒədi] *n.* 비극

248. **leave** [liːv] -**left** [left] -**left** [left] *v.* 1. 남기다 2. 떠나다

    ▶ 무엇인가를 '남긴다' 는 것은 모든 걸 뒤에 두고 '떠난다' 는 뜻입니다. 그러니 이 둘의 의미는 서로 다른 듯하지만 결국 같은 것이죠.

249. **triumph** [tráiəmf] *n.* 승리 *v.* 승리하다

250. endure[endjúər] *v.* 참다, 견디다

　　endurance[indjúərəns/en-] *n.* 인내, 지구력

251. bear[bɛər]-bore[bɔːr]-born[bɔːrn] *v.* 1.참다 2.(새끼를) 낳다 3.지니다

　　▶bear가 명사일 때 곰이라는 의미라는 건 모두 알 겁니다. 그럼 이렇게 연상해보세요. "곰은 쑥과 마늘만 먹으며 오랜 시간을 '참아' 사람이 되었죠. 또 사람이 되어 아이를 '낳았'어요. 아이를 낳으려면 몸에 아이를 열 달 동안 '지니고 있어야' 합니다."

252. genuine[dʒénjuin] *a.* 진짜의

253. dust[dʌst] *n.* 먼지, 티끌

　　dusty[dʌ́sti] *a.* 먼지의, 먼지가 많은

다음 단어의 뜻을 천천히 떠올려보세요.

random	punishment
surrender	rarely
genius	scarcely
penalty	survive
advocate	journey
confess	tragic
cattle	triumph
genuine	endure
beside	acknowledge
instruction	dust
leave	hardly
humble	seldom
modest	
education	
recruit	
fur	
surround	
bear	
barely	

기
호
지
세

騎말 탈 기 虎호랑이 호 之어조사 지 勢세력 세
호랑이를 타고 가다가 도중에 내리면 잡아먹힌다는 뜻으로, 어떤 일을 도모하다가 중간에 그만두면 큰 손해가 나게 되어 어쩔 수 없이 계속 추진해야만 하는 상태를 일컫는다.

　한나라 양견은 다른 ethnic이 자기 나라를 deprive(=rob)해서 지배하는 것을 대단히 regret으로 여겼다. 그래서 기회만 있으면 다시 한나라의 천하로 만들겠다고 swear(=oath=pledge)했다. 그리고 훗날 진(陳)나라를 ruin(=destroy)시켜서 천하를 unity했다. 이 양견이 바로 수나라 개국 황제 문제이다.

　양견의 부인은 남편이 천하를 통일하기 위해 궁중에서 열심히 논의를 하고 있을 때 신하를 보내 다음과 같이 격려하는 말을 전했다.

　"힘차게 달리는 호랑이를 탄 이상 도중에서 내릴 수 없습니다. 만약 도중에 내린다면 호랑이에게 잡아먹히고 말 것입니다."

이 말을 들은 양견은 더욱 힘을 내어 effort(=endeavor=exertion)를 했다고 한다.

 본문에 나오는 단어의 뜻이 무엇일지 문맥에 맞게 추측해 써보세요.

254. **ethnic**	261. **ruin**
255. **deprive**	262. **destroy**
256. **rob**	263. **unity**
257. **regret**	264. **effort**
258. **swear**	265. **endeavor**
259. **oath**	266. **exertion**
260. **pledge**	

 추측한 단어들을 이용해 이야기를 다시 한 번 읽어보고 제목의 의미를 생각해보세요.

기호지세 means "having to continue doing something in order not to fail".

기호지세는 ________________________라는 뜻이다.

 이제 다음 장에 나와 있는 단어의 뜻을 보고 확인 후 공부하세요.

Having to continue doing something in order not to fail

(실패하지 않기 위해서는 계속해서 무엇인가를 할 수밖에 없는 상황)

254. ethnic [éθnik] *n.* 민족, 인종 *a.* 민족의, 인종의

255. deprive [dipráiv] *v.* 빼앗다, 박탈하다

256. rob [rɑb/rɔb] *v.* 빼앗다, 강탈하다

    robbery [rábəri/rɔ́b-] *n.* 강도질, 강탈

257. regret [rigrét] *n.* 유감, 후회 *v.* 유감스럽게 생각하다, 후회하다

258. swear [swɛər] *v.* 맹세하다

259. oath [ouθ] *n.* 맹세

260. pledge [pledʒ] *n.* 맹세 *v.* 맹세하다

261. ruin [rú:in] *n.* 1.파멸, 몰락 2.폐허, 잔해 *v.* 파괴하다, 파멸하다

262. destroy [distrɔ́i] *v.* 파괴하다, 죽이다

    destruction [distrʌ́kʃən] *n.* 파괴, 파멸

263. unity [jú:nəti] *n.* 통일(성), 조화, 일치

    unite [ju:náit] *v.* 결합하다, 연합하다

    united [ju:náitid] *a.* 결합된, 하나가 된

264. effort [éfərt] *n.* 노력

265. endeavor [endévər] *v.* 노력하다 *n.* 노력

266. exertion [igzə́:rʃən] *n.* 노력, 분발

    exert [igzə́:rt] *v.* 노력하다, 힘쓰다

21. A person or goods that could be a great man or valuable treasure in the future

기
화
가
거

奇기이할 기 貨재화 화 可옳을 가 居살 거
기화는 기이한 보화라는 뜻이다. 진기한 물건을 사두면 나중에 큰 이익을 얻을 수 있다는 말로 훗날 큰 이익이 될 수 있는 물건이나 사람들을 일컫는다.

공자의 수제자 중에 자공이라는 사람이 있다. 그는 goods가 쌀 때 purchase했다가 expensive(↔cheap)하게 되었을 때 파는 방법으로 millionaire가 되었다.

그 당시 여불위라는 사람도 있었다. 그 또한 소금과 비단 장사로 큰 부자가 된 사람이다. 어느 날 여불위가 조나라의 도읍을 방문했다가 hostage로 와 있던 진(秦)나라의 왕자 자초를 만나게 되었다.

commerce에 밝았던 그는 첫눈에 자초의 value(=worth)를 알아보았다. 그는 자초를 보고 "아주 진귀한 treasure(=jewel)로군. invest해볼 만해"라고 생각했다. 여불위는 자초의 집을 찾아가 말했다.

"소양왕도 이젠 나이가 많아서 곧 당신의 아버지인 안국군께서 진나라의 왕이 되실 겁니다. 그러나 본부인인 화양 부인에게는 자식이 없습니다. 당신까지 add해서 20여 명의 서자가 계시지만 그중에서 누구를 태자로 select하겠습니까? 내가 당신이 태자로 선택되도록 노력하겠습니다."

결국 여불위는 자초를 화양 부인의 아들로 adopt시켜 안국군의 offspring(=posterity=descendant)을 잇게 하는데 succeed했다.

그리고 자신의 아이를 pregnancy하고 있던 애첩 조희를 아무것도 모르는 innocent한 자초에게 시집보냄으로써 자기의 핏줄이 자초의 자손이 되도록 했다. 자초는 장양왕이 되었는데 자초가 죽고 그 아들이 왕위에 오르니 그가 유명한 진시황이다. 진시황은 실제로는 여불위의 아들이었던 것이다.

 본문에 나오는 단어의 뜻이 무엇일지 문맥에 맞게 추측해 써보세요.

267. **goods**	278. **invest**
268. **purchase**	279. **add**
269. **expensive**	280. **select**
270. **cheap**	281. **adopt**
271. **millionaire**	282. **offspring**
272. **hostage**	283. **posterity**
273. **commerce**	284. **descendant**
274. **value**	285. **succeed**
275. **worth**	286. **pregnancy**
276. **treasure**	287. **innocent**
277. **jewel**	

 추측한 단어들을 이용해 이야기를 다시 한 번 읽어보고 제목의 의미를 생각해보세요.

기화가거 means "a person or goods that could be a great man or valuable treasure in the future".

기화가거는 ___________________________라는 뜻이다.

 이제 다음 장에 나와 있는 단어의 뜻을 보고 확인 후 공부하세요.

A person or goods that could be a great man or valuable treasure in the future

(미래에 훌륭하게 될 수 있는 사람이나 귀한 보물이 될 수 있는 물건)

267. **goods** [gudz] *n.* 물건, 상품

268. **purchase** [pə́ːrtʃəs] *v.* 사다, 구입하다 *n.* 구입, 매입

269. **expensive** [ikspénsiv] *a.* 값비싼

270. **cheap** [tʃiːp] *a.* 싼, 값이 싼

271. **millionaire** [mìljənέər] *n.* 백만장자, 대부호

272. **hostage** [hástidʒ/hɔ́s-] *n.* 인질, 저당물

273. **commerce** [káməːrs/kɔ́m-] *n.* 상업

    commercial [kəmə́ːrʃəl] *n.* 상업광고 *a.* 상업의

274. **value** [vǽljuː] *n.* 가치 *v.* (가치를) 평가하다

    valuable [vǽljuːəbəl/-ljəbəl] *a.* 귀중한, 값비싼 *n.* 귀중품

275. **worth** [wəːrθ] *n.* 가치 *a.* 가치가 있는

    worthy [wə́ːrði] *a.* 가치 있는, 훌륭한

276. **treasure** [tréʒər] *n.* 보물, 소중한 물건이나 사람 *v.* 소중히 여기다

277. **jewel** [dʒúːəl] *n.* 보석

278. **invest** [invést] *v.* 투자하다

    investment [invéstmənt] *n.* 투자

279. **add** [æd] *v.* 더하다

    addition [ədíʃən] *n.* 첨가, 덧셈

280. **select** [silékt] *n.* 선택하다, 고르다 *a.* 선택한

    selection [silékʃən] *n.* 선택, 선발

281. **adopt** [ədápt/ədɔ́pt] *v.* 1. 채택하다 2. 입양하다

   adoption [ədápʃən/ədɔ́p] *n.* 1. 채택 2. 입양

   ▶여러 부모 없는 아이들이 있는데 그중에서 한 아이를 자신의 자녀로 삼기로 '채택' 하는 것이 '입양' 이죠.

282. **offspring** [ɔ́(:)fsprìŋ/áf-] *n.* 자손, 후손

283. **posterity** [pɑstérəti/pɔs-] *n.* 자손, 후손

284. **descendant** [diséndənt] *n.* 자손, 후손

285. **succeed** [səksíːd] *v.* 1. 성공하다(in succeed) 2. 계속되다(to succeed)

   success [səksés] *n.* 성공

   successful [səksésfəl] *a.* 성공한

   succession [səkséʃən] *n.* 계속, 연속, 계승

   successive [səksésiv] *a.* 계속되는, 상속의

   ▶ '성공' 은 쭉 '계속' 되어야만 해요.

286. **pregnancy** [prégnənsi] *n.* 임신

   pregnant [prégnənt] *a.* 임신한

287. **innocent** [ínəsnt] *a.* 순수한, 결백한, 죄가 없는

   innocence [ínəsns] *n.* 순수, 결백, 무죄

확인하고 넘어가기

다음 단어의 뜻을 천천히 떠올려보세요.

succeed	treasure
ethnic	jewel
deprive	pledge
worth	innocent
regret	invest
swear	add
select	adopt
posterity	offspring
ruin	goods
unity	descendant
endeavor	rob
exertion	pregnancy
millionaire	effort
purchase	value
expensive	destroy
cheap	
hostage	
commerce	
oath	

22. A best selling book

洛물 이름 낙 陽볕 양 紙종이 지 價값 가 貴귀할 귀
낙양의 종이 값이 오른다는 뜻으로 책이 매우 호평을 받아 잘 팔릴
때 쓰는 표현이다.

좌사는 진(晉)나라 사람이다. 얼굴이 추하게 생기고 재주도 없는데다
말도 더듬었다. 그러나 글공부를 매우 열심히 했다.

그러던 그가 하루는 모든 것을 quit하고 오로지 창작에만 매달려《삼도부》라는 책을 펴냈다. 당시 장화라는 대시인이 좌사의 이《삼도부》를 읽고 knee를 치면서 admire를 했는데, 이때부터 《삼도부》가 유명해져 도읍지 낙양이 온통 좌사의 이야기로 가득 찼다.

아직 인쇄술이 발달하지 않았던 시대였기 때문에 돈 많은 사람들과 aristocrat(=noble)들은 종이를 사서 베껴 쓰고 서로 돌려가며 읽었다. 이러한 이유로 낙양에는 종이가 deficient(↔sufficient)하게 되었다. 그리고 도읍지인 낙양의 종이 값이 폭등했다.

본문에 나오는 단어의 뜻이 무엇일지 문맥에 맞게 추측해 써보세요.

288. **quit**

289. **knee**

290. **admire**

291. **aristocrat**

292. **noble**

293. **deficient**

294. **sufficient**

추측한 단어들을 이용해 이야기를 다시 한 번 읽어보고 제목의 의미를 생각해보세요.

낙양지가귀 means "a best selling book".

낙양지가귀는 _______________________________라는 뜻이다.

이제 다음 장에 나와 있는 단어의 뜻을 보고 확인 후 공부하세요.

A best selling book

(잘 팔리는 책)

288. quit [kwit] *v.* 그만두다, 중단하다

289. knee [ni:] *n.* 무릎

    kneel [ni:l] *v.* 무릎을 꿇다

290. admire [ædmáiər/əd-] *v.* 감탄하다

    admirable [ǽdmərəbəl] *a.* 감탄할 만한, 훌륭한

    admiration [ædməréiʃən] *n.* 감탄

291. aristocrat [ərístəkræt/ǽrəs-] *n.* 귀족

    aristocracy [ærəstákrəsi/-tɔ́k-] *n.* 귀족, 귀족사회, 귀족정치

292. noble [nóubəl] *n.* 귀족 *a.* 귀족의, 고귀한

293. deficient [difíʃənt] *a.* 불충분한, 모자라는

    deficiency [difíʃənsi] *n.* 부족, 결핍

294. sufficient [səfíʃənt] *a.* 충분한 ↔ insufficient [insəfíʃənt] *a.* 불충분한, 부족한

23. Comfortable life without difficulty

난의포식

暖따뜻할 난 衣옷 의 飽배불리 먹을 포 食먹을 식
따뜻한 옷을 입고 배불리 먹어 부족함 없이 안락한 생활을 일컫는
말이다.

맹자가 육십이 넘은 나이에 등문공의 초대로 등나라에 갔다. 맹자는
등문공에게 주나라의 정전법(井田法)을 practice하여 ideal한 국가를
건설할 것을 권했다.

그런데 이 당시 묵자의 influence를 받아 농업을 중히 여기는 정책을 주장하는 허행이 자급자족 economy를 실행하고 있었다. 이 허행을 존경해 그와 같은 생활을 시작한 진상이라는 사람이 어느 날 맹자에게 등나라 왕도 백성들처럼 손수 농사를 지어 agriculture를 장려해야 한다고 말했다.

이에 맹자는 허행이 완전한 자급자족이 아닌 물물교환으로 생활하는 것을 확인한 후 인간은 서로 하는 일이 다르므로 그 생활이 엄연히 separate되어야 한다고 대답했다. 이후 백성들을 위하는 정치를 펴 백성들이 잘살게 되자 맹자는 이렇게 말했다.

"사람들에게는 도(道)가 있으니 배부르게 먹고 따뜻하게 입고 comfortable한 삶을 산다 해도 가르침이 없으면 새나 beast에 가까워진다. 성인께서 이것을 또 근심해서 인륜으로써 백성을 가르치게 했다. 이것이 이른바 오륜(五倫)이다."

여기서 오륜은 부자유친(父子有親, 아버지와 아들 사이의 도리는 친애에 있다), 군신유의(君臣有義, 임금과 신하 사이의 도리는 의리에 있다), 부부유별(夫婦有別, 남편과 아내 사이의 도리는 서로 침범하지 않음에 있다), 붕우유신(朋友有信, 벗과 벗 사이의 도리는 믿음에 있다), 장유유서(長幼有序, 어른과 어린이 사이의 도리는 엄격한 차례와 복종해야 할 질서에 있다)를 가리킨다.

 본문에 나오는 단어의 뜻이 무엇일지 문맥에 맞게 추측해 써보세요.

295. **practice**

296. **ideal**

297. **influence**

298. **economy**

299. **agriculture**

300. **separate**

301. **comfortable**

302. **beast**

 추측한 단어들을 이용해 이야기를 다시 한 번 읽어보고 제목의 의미를 생각해보세요.

난의포식 means "comfortable life without difficulty".

난의포식은 _______________________________라는 뜻이다.

 이제 다음 장에 나와 있는 단어의 뜻을 보고 확인 후 공부하세요.

Comfortable life without difficulty

(어려움 없는 편안한 삶)

295. **practice**[præktis] *n.* 1. 실행 2. 관례 3. 연습 *v.* 1. 실행하다 2. 습관적으로 행하다 3. 연습하다

practicable[præktikəbəl] *a.* 실행할 수 있는

practical[præktikəl] *a.* 실용적인, 쓸모 있는

▶오랫동안 '연습' 해오던 일을 많은 사람들 앞에서 '실행' 했을 때 그것이 사람들의 호응을 얻으면 '관례' 처럼 계속할 수 있게 되지요.

296. **ideal**[aidíːəl] *a.* 이상적인, 이상의 *n.* 이상, 이념

297. **influence**[ínfluəns] *n.* 영향 *v.* ~에게 영향을 미치다

298. **economy**[ikánəmi/-kɔ́n-] *n.* 경제, 절약 *a.* 경제적인, 절약하는

economics[ìːkənámiks/èk-/-nɔ́m-] *n.* 경제학

economic[íːkənámik/èk-/-nɔ́m-] *a.* 경제의, 경제학의

economical[ìːkənámikəl/èkə-/-nɔ́m-] *a.* 경제적인, 절약하는

▶ '경제' 는 '절약' 정신이 투철해야 좋아지겠죠.

299. **agriculture**[ǽgrikʌ̀ltʃər] *n.* 농업, 농학

300. **separate**[sépərèit] *v.* 분리하다, 떼어 놓다 *a.* 분리된, 격리된

301. **comfortable**[kʌ́mfərtəbl] *a.* 편안한

comfort[kʌ́mfərt] *n.* 편안함, 위로 *v.* 편안하게 해주다, 위로하다

↔**discomfort**[diskʌ́mfərt] *n.* 불편, 불안 *v.* 불쾌(불안)하게 하다

302. **beast**[biːst] *n.* 짐승, 동물

24. Vain wealth and honor

남가일몽

南남녘 남 柯가지 가 一한 일 夢꿈 몽
남쪽으로 뻗은 나뭇가지 밑에서 꾼 꿈이라는 뜻으로 헛된 한때의
부귀영화를 일컫는 말이다.

당의 덕종 때 광릉에 순우분이라는 사람이 있었다. 그는 술에 취해
집 앞에 있는 나무의 남쪽 twig(↔bough) 밑에서 잠시 nap을 잤다. 꿈
속에 두 사나이가 나타나 말했다.

"저희들은 괴안국 왕의 command를 받들어 당신을 모시러 왔습니

다."

순우분은 그들과 함께 느티나무의 hollow(=cavity) 속으로 들어갔다. 괴안국 왕은 그를 보자 매우 기뻐하며 공주를 아내로 주었다. 그리고 순우분에게 말했다.

"지금 남가군의 정치가 잘못되고 있는데 그대가 태수가 되어 다스려 주시오."

순우분은 그 후 20년 동안 남가군을 잘 다스렸다.

모두들 그의 덕망을 applaud(=praise)하고 있을 때 단라국이 남가군을 쳐들어왔다. 순우분은 싸움에서 패하고 아내도 죽자 태수직을 resign하고 시골로 내려갔다. 여기에서도 그의 덕망이 높아 귀족들이 다투어 acquaintance가 되기를 원했고 권세도 날로 높아졌다. 그러나 주변에 순우분을 중상모략하는 자가 있어 왕은 순우분을 고향으로 돌려보냈다.

그 순간 잠에서 wake(=awake)한 순우분은 자신이 단지 느티나무 밑에서 잠을 자고 있었을 뿐이라는 사실을 깨달았다. 주위를 살펴보니 느티나무 root 밑에 커다란 구멍이 하나 있고 그곳에 fortress 모양의 개미집이 있는데, 여기서 수십 마리의 개미들이 머리가 붉은 큰 개미를 protect하고 있었다.

그것이 바로 꿈속 괴안국의 왕궁이었음을 안 순우분은 다른 한 구멍을 찾아 남쪽으로 뻗은 가지로 올라갔다. 그곳에는 square인지 rectangle인지 정확하지 않지만 모퉁이가 각이 진 장소가 있었고 또한

성 모양의 개미집이 있었다. 그가 다스렸던 남가군이었다.

그날 밤 폭풍우가 지나갔다. 순우분이 아침에 다시 보니 개미들은 흔적도 보이지 않았다.

너무나도 vain한 꿈이었다.

본문에 나오는 단어의 뜻이 무엇일지 문맥에 맞게 추측해 써보세요.

303. **twig**

304. **bough**

305. **nap**

306. **command**

307. **hollow**

308. **cavity**

309. **applaud**

310. **praise**

311. **resign**

312. **acquaintance**

313. **wake**

314. **awake**

315. **root**

316. **fortress**

317. **protect**

318. **square**

319. **rectangle**

320. **vain**

 추측한 단어들을 이용해 이야기를 다시 한 번 읽어보고 제목의 의미
를 생각해보세요.

남가일몽 means "vain wealth and honor".

남가일몽은 _______________________라는 뜻이다.

 이제 다음 장에 나와 있는 단어의 뜻을 보고 확인 후 공부하세요.

Vain wealth and honor
(헛된 부나 명예)

303. **twig** [twig] *n.* 가는 가지

304. **bough** [bau] *n.* 큰 가지

305. **nap** [næp] *n.* 낮잠 *v.* 낮잠 자다

306. **command** [kəmǽnd/-má:nd] *n.* 명령, 지배 *v.* 명령하다, 지배하다
   ▶ 무엇에 '명령' 을 내릴 수 있다는 것은 그것을 '지배' 하고 있다는 의미겠죠.

307. **hollow** [hálou/hɔ́l-] *n.* 구멍 *a.* 속이 빈

308. **cavity** [kǽvəti] *n.* 구멍

309. **applaud** [əplɔ́:d] *v.* 박수 치다, 찬양하다
   applause [əplɔ́:z] *n.* 박수갈채, 찬양

310. **praise** [preiz] *n.* 칭찬, 찬양 *v.* 칭찬하다, 찬양하다

311. **resign** [rizáin] *v.* (지위 · 관직 따위를) 사임하다, 그만두다
   resignation [rèzignéiʃən] *n.* 사직, 사임

312. **acquaintance** [əkwéintəns] *n.* 1. 아는 친구 2. 지식
   acquainted [əkwéintid] *a.* 1. ~와 아는 사이인 2. ~에 지식이 있는
   ▶ '아는 친구' 라고 말할 정도가 되려면 그가 어떤 사람인지에 대한 '지식' 이 있어야겠죠?

313. **wake** [weik] **- d, woke** [wouk] **- d, woken** [wóukən] *v.* 잠깨다, 깨우다

314. **awake** [əwéik] **- d, awoke** [əwóuk] **- d, awoken** [əwóuk] *v.* 깨우다, 눈 뜨게 하다

315. **root** [ru:t/rút] *n.* 뿌리, 근본 *v.* 뿌리박다

316. **fortress** [fɔ́:rtris] *n.* 성, 성채

317. **protect**[prətékt] *v.* 보호하다, 막다

　　protection[prətékʃən] *n.* 보호

318. **square**[skwɛər] *n.* 정사각형

319. **rectangle**[rétæŋɡəl] *n.* 직사각형

320. **vain**[vein] *a.* 헛된, 공허한

　　vainly[veinli] *ad.* 헛되이

　　vanity[vǽnəti] *n.* 허무, 공허

25. The origin of everything

남상

滥넘칠 남 觴술잔 상
큰 배를 띄우는 강물도 그 첫 물줄기는 겨우 술잔이 넘칠 정도의
적은 물에서 나온다는 말로, 모든 일의 시작을 일컫는다.

공자의 제자 중에 자로라는 사람이 있었다. 어느 날 그는 화려한 옷
을 입고 공자 앞에 나타났다. 이 모습을 보고 공자는 다음과 같이
admonish했다.

“양자강은 큰 강이다. 그러나 그런 양자강도 그 첫 물줄기는 겨우 술잔이 넘칠 정도의 적은 amount(=quantity)의 물로부터 commence한다. 그런데 물이 점점 많아지면서 배를 타지 않고는 강을 건널 수 없게 된다.

바람이라도 blow하면 그 배조차 물에 float할 수 없을 만큼 물이 불어난다. 지금 네가 화려한 옷을 입고 있는 것은 작은 일이다. 하지만 내가 여기서 이를 scold하지 않는다면 누가 너를 위해 advise해주겠느냐?”

이 말에 자로는 즉시 thrifty(=frugal)한 옷으로 갈아입었다고 한다.

모든 일과 행동의 origin은 매우 slightly하게 시작되나 나중엔 손도 댈 수 없을 정도로 크게 shift할 수 있음을 warn하는 것이다.

 본문에 나오는 단어의 뜻이 무엇일지 문맥에 맞게 추측해 써보세요.

321. **admonish**

322. **amount**

323. **quantity**

324. **commence**

325. **blow**

326. **float**

327. **scold**

328. **advise**

329. **thrifty**

330. **frugal**

331. **origin**

332. **slightly**

333. **shift**

334. **warn**

 추측한 단어들을 이용해 이야기를 다시 한 번 읽어보고 제목의 의미를 생각해보세요.

남상 means "the origin of everything".

남상은 _______________________________라는 뜻이다.

 이제 다음 장에 나와 있는 단어의 뜻을 보고 확인 후 공부하세요.

The origin of everything

(모든 것의 기원)

321. **admonish** [ædmάniʃ/əd-/-mɔ́n-] *v.* 훈계하다, 경고하다

322. **amount** [əmàunt] *n.* 양, 총량, 총액 *v.* (총계 · 금액이) ~이 되다, 총계 (~에) 달하다

323. **quantity** [kwάntəti/kwɔ́n-] *n.* 양, 총량

324. **commence** [kəméns] *v.* 시작하다

325. **blow** [blou] **-blew** [blu:] **-blown** [bloun] *v.* (바람이) 불다, 숨을 내쉬다, 불어넣다 *n.* 1. 한 번 불기, 바람 2. 구타, 타격

   ▶ '바람' 처럼 주먹을 날리는 것이 '타격' 이랍니다.

326. **float** [flout] *v.* 뜨다, 떠(돌아)다니다 *n.* 떠 있는 것

327. **scold** [skould] *v.* 꾸짖다

328. **advise** [ædváiz/əd-] *v.* 충고하다

   advice [ædváis/əd-] *n.* 충고

329. **thrifty** [θrífti] *a.* 검소한, 절약하는

   thrift [θrift] *n.* 검약, 검소, 절약

330. **frugal** [frú:gəl] *a.* 검소한, 절약하는

   frugality [fru:gǽləti] *n.* 검소, 절약

331. **origin** [ɔ́:rədʒin/ár ə-/ɔ́ri-] *n.* 기원, 근원

   originate [ərídʒənèit] *v.* 기원하다, 시작하다, 발생하다

   original [ərídʒənəl] *a.* 원래의, 고유의, 독창적인 *n.* 원본, 원문

332. **slightly** [sláitli] *ad.* 사소하게, 적게

   slight [slait] *a.* 사소한, 적은

333. shift [ʃift] *v.* 바뀌다, 변화하다 *n.* 1.변화 2.교대

▶어떤 일을 여럿이 나누어서 차례에 따라 사람을 '바꿔' 가며 하는 것이 '교대' 입니다.

334. warn [wɔːrn] *v.* 경고하다

26. Competence shows itself

낭 중 지 추

囊자루 낭 中가운데 중 之어조사 지 錐송곳 추
주머니 속에 든 송곳은 그 끝이 뾰족하고 날카로워 주머니를 뚫고
나온다는 말로, 능력 있고 실력 있는 사람은 많은 사람 중에 섞여
있을지라도 주머니 속 송곳처럼 눈에 띈다는 의미이다.

평원군 조승은 조나라 사람으로 prudent(=discreet=deliberate)하고
사람을 좋아하여 수천 명의 식객이 그의 집에 gather했다. 조나라 왕은
평원군을 초나라에 사신으로 보내 구원병을 요청하고 동시에 평화
treaty를 체결하도록 했다.

평원군은 식객 20명을 골라서 떠나려는 scheme을 세웠다. 그러나
19명까지는 선발했는데 1명을 뽑지 못했다. 이때 모수라는 사람이
volunteer했다. 그가 누군지 알지 못했기에 평원군이 물었다.

"선생이 내 집에 머문 지 얼마나 되었소?"

"3년입니다."

"보통 현명한 선비가 세상에 있으면 주머니 속에 든 drill처럼 그 끝이 즉시 나타나는 법이오. 그대는 내 집에 있은 지 3년이나 되었지만 아무도 그대를 천거한 적이 없으니 이것은 그대가 competence를 갖춘 선비가 아니라는 증거가 아니겠소? 그대는 나와 함께 accompany할 만한 인물이 못 되니 그냥 집에 머물러 있으시오."

그러나 모수는 평원군의 말에 clearly(=plainly=obviously)하게 대답했다.

"그러니까 오늘 비로소 저를 주머니 속에 넣어주십시오."

보통 배짱이 아니라고 여긴 평원군은 결국 모수를 데리고 가기로 determine했다.

가는 도중 19명의 식객들 모두 모수를 neglect(=ignore)했다. 그러나 막상 토론이 벌어지자 그와 compete(=match)할 만한 자가 없었다.

초나라에 이르러 평원군이 머리를 짜내 구원병을 요청했으나 초나라 측에선 indifferent하기만 했다. 그런데 모수가 나서서 설득하니 마침내 초왕은 cooperation하기로 했다.

후에 귀국한 평원군은 "모수의 뛰어난 재주는 마치 주머니 속에 든 송곳 같다"며 모수를 융숭히 treat했다.

 본문에 나오는 단어의 뜻이 무엇일지 문맥에 맞게 추측해 써보세요.

335. **prudent**

336. **discreet**

337. **deliberate**

338. **gather**

339. **treaty**

340. **scheme**

341. **volunteer**

342. **drill**

343. **competence**

344. **accompany**

345. **clearly**

346. **plainly**

347. **obviously**

348. **determine**

349. **neglect**

350. **ignore**

351. **compete**

352. **match**

353. **indifferent**

354. **cooperation**

355. **treat**

 추측한 단어들을 이용해 이야기를 다시 한 번 읽어보고 제목의 의미를 생각해보세요.

낭중지추 means "competence shows itself".

낭중지추는 ＿＿＿＿＿＿＿＿＿＿＿＿＿＿＿＿＿＿라는 뜻이다.

 이제 다음 장에 나와 있는 단어의 뜻을 보고 확인 후 공부하세요.

Competence shows itself

(능력은 스스로 나타나기 마련)

335. **prudent**[prú:dənt] *a.* 신중한, 조심하는 ↔ **imprudent**[imprú:dənt]
a. 무례한, 뻔뻔스러운

336. **discreet**[diskrí:t] *a.* 신중한, 생각이 깊은

337. **deliberate**[dilíbərèit] *a.* 신중한, 생각이 깊은

338. **gather**[gǽðər] *v.* 모으다, 모이다 *n.* 모인 것

339. **treaty**[trí:ti] *n.* 조약, 협정

340. **scheme**[ski:m] *n.* 계획, 음모 *v.* 계획하다

341. **volunteer**[vάləntíər/vɔ̀l-] *v.* 지원하다 *n.* 지원자

342. **drill**[dril] *n.* 1. 송곳 2. 훈련 *v.* 1. 송곳으로 구멍을 뚫다 2. 훈련하다
   ▶ '송곳' 처럼 찔리면 아프고 힘든 게 '훈련' 입니다.

343. **competence**[kάmpətəns/kɔ́m-] *n.* 능력, 자격
   competent[kάmpətənt/kɔ́m-] *a.* 능력 있는, 자격 있는

344. **accompany**[əkʌ́mpəni] *v.* ~에 동반하다, ~와 함께 가다

345. **clearly**[klíərli] *ad.* 분명하게, 확실하게
   clear[kliər] *a.* 맑은, 깨끗한, 분명한 *v.* 1. 맑게 하다 2. 깨끗이 치우다
   3. 명백히 밝히다

346. **plain**[plein] *a.* 1. 분명한, 명백한 2. 솔직한 3. 평탄한 *ad.* 1. 분명하게,
   명백하게 2. 솔직하게 *n.* 평지, 평야
   ▶ '분명' 한 사람이 '솔직' 합니다. 솔직하다는 것은 뒤틀리지 않고 '평
   탄하다' 는 겁니다. 평탄하다는 말에서 또한 '평지' , '평야' 를 연상할 수
   있습니다.

347. obviously[ábviəsli/ɔ́b-] *ad.* 분명하게, 명백하게

   obvious[ábviəs/ɔ́b-] *a.* 명백한

348. determine[ditə́:rmin] *v.* 결심하다

   determination[ditə̀:rmənéiʃən] *n.* 결심

349. neglect[niglékt] *v.* 무시하다, 소홀히 하다 *n.* 무시, 태만

350. ignore[ignɔ́:r] *v.* 무시하다

351. compete[kəmpí:t] *v.* 경쟁하다, 시합하다

   competition[kàmpətíʃən/kɔ̀m-] *n.* 경쟁, 시합

352. match[mætʃ] *v.* 1. 시합하다, 맞서다 2. ~와 어울리다 *n.* 1. 시합, 경기

   2. 맞수 3. 성냥

   ▶ '시합' 은 아무하고나 하나요? '어울리' 는 상대방과 '맞서' 는 거지요.
   또한 어울리는 상대방과 격렬하게 '시합' 을 하면 불꽃이 튀겠지요? 그
   래서 '성냥' 이라는 뜻도 되나 봅니다.

353. indifferent[indífərənt] *a.* 무관심한, 냉담한

354. cooperation[kouὰpəréiʃən/-ɔ̀p-] *n.* 협력, 협동

355. treat[tri:t] *v.* 1. 다루다, 대우하다, 대접하다 2. 치료하다 *n.* 대우, 대접

   treatment[trí:tmənt] *n.* 치료

   ▶환자를 '다루는' 것이 바로 '치료' 하는 일이겠죠.

다음 단어의 뜻을 천천히 떠올려보세요.

acquaintance	commence
nap	fortress
admire	comfortable
aristocrat	protect
deficient	square
practice	rectangle
match	vain
practicable	sufficient
economy	qcapability
agriculture	noble
beast	accompany
twig	clearly
bough	plain
command	scheme
hollow	obviously
cavity	origin
applaud	knee
praise	neglect
resign	ignore
cooperation	

27. Everyone or everything in the world has an advantage of his or her or its own

노
마
지
지

老늙을 노 馬말 마 之어조사 지 智슬기 지
아무리 하찮은 인간이라도 자기 나름대로의 장점을 갖고 있다는 의미로, 세상에 쓸모없는 것은 없음을 일컫는다.

제나라의 환공이 관중, 습붕과 함께 고죽국을 토벌하러 많은 군사를 이끌고 advance하고 있을 때였다. 산중을 wander(=roam=rove)하던 군대는 그만 stray하고 말아 어쩔 수 없이 노숙을 하게 되었다.

그때 관중이 환공에게 "늙은 말의 지혜를 utilize하는 것이 좋겠습니다" 라고 말한 후 늙은 말 몇 마리를 골라 release했다. 늙은 말들은 한 direction으로만 걸어갔다. 늙은 말이 마침내 길을 찾았다. 병사들은 말이 길을 찾아준 덕분에 무사히 행군을 계속할 수 있었다.

가는 도중 물이 없어 thrist가 심했다. 이때 습붕이 말하기를 "개미는 겨울엔 양지, 여름엔 음지에 사는데 개미 둑을 한 치만 파면 그곳엔 꼭 물이 있을 겁니다" 라고 했다. 이에 환공이 군사들에게 개미 둑 밑을 파게 하니 과연 물이 나왔다.

관중과 습붕처럼 지혜 있는 사람은 늙은 말이나 개미의 지혜를 본받는 것을 부끄럽게 regard하지 않았다. 어리석은 사람들이 작은 것을 trifle한 것으로 생각한다.

 본문에 나오는 단어의 뜻이 무엇일지 문맥에 맞게 추측해 써보세요.

356. **advance**	362. **release**
357. **wander**	363. **direction**
358. **roam**	364. **thirst**
359. **rove**	365. **regard**
360. **stray**	366. **trifle**
361. **utilize**	

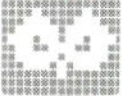 추측한 단어들을 이용해 이야기를 다시 한 번 읽어보고 제목의 의미를 생각해보세요.

노마지지 means "everyone or everything in the world has an advantage of his or her or its own".

노마지지는 ________________________________라는 뜻이다.

 이제 다음 장에 나와 있는 단어의 뜻을 보고 확인 후 공부하세요.

Everyone or everything in the world has an advantage of his or her or its own

(세상에 모든 사람과 물건은 그 자신만의 장점을 갖고 있기 마련)

356. **advance** [ədvǽns/-vá:ns/əd-] *v.* 전진하다, 앞으로 나아가게 하다 *n.* 전진, 진보

357. **wander** [wάndər/wɔ́n-] *v.* 1.헤매다, 방랑하다 2.마음이 오락가락하다

358. **roam** [roum] *v.* 거닐다, 방랑(배회)하다 *n.* 배회, 방랑

359. **rove** [rouv] *v.* 방랑하다, 유랑하다 *n.* 배회, 방랑

360. **stray** [strei] *v.* 길을 잃다, 길을 벗어나다 *a.* 길을 잃은 *n.* 길 잃은 사람 (가축)

361. **utilize** [júːtəlàiz] *v.* 이용하다, 활용하다

   utility [juːtíləti] *n.* 쓸모, 유용, 유용물

362. **release** [rilíːs] *v.* 1.풀어주다, 해방(석방)하다 2.공개(발표, 발매)하다 *n.* 1.해방, 석방 2.발표(공개, 발매)

   ▶영화감독이 영화를 다 만들면 그 사실을 '발표' 하고 대중에게 '풀어주' 지요. 영화가 '공개' 되면 사람들은 이것을 보기 위해 극장에서 '발매' 하는 표를 삽니다.

363. **direction** [dirékʃən/dai-] *n.* 1.방향 2.지도, 감독

   direct [dirékt/dai-] *v.* 1.(어떤 방향으로) 향하게 하다 2.지도하다, 감독하다 *a.* 직접적인

   ▶ "'어떤 방향으로 향하도록' '직접' '지도' , '감독' 하면 효과가 좋다" 라고 문장을 꾸미면 쉽게 외워지겠죠?

364. **thirst** [θəːrst] *n.* 1.갈증, 목마름 2.갈망, 열망 *v.* 갈망하다

thirsty[θɔ́:rsti] *a.* 1.목마른 2.갈망하는

▶무엇인가에 대한 '갈증'을 느낀다면 여러분을 그것을 '갈망하는' 겁니다.

365. regard[rigá:rd] *v.* ~으로 여기다(regard A as B=A를 B로 여기다) *n.* 관점, 관심(in this regard=이 관점에서)

366. trifle[tráifəl] *n.* 하찮은 것(일) *v.* 하찮게 다루다

trifling[tráifliŋ] *a.* 하찮은, 시시한, 경박한

다음 단어의 뜻을 천천히 떠올려보세요.

advance	calm
wander	misery
rove	survey
stray	disability
release	sore
direction	injury
regard	participate
trifle	foster
roam	disorder
utilize	
thirst	
excellent	
connect	
found	
absent	
evaluate	

28. Parent's rigid lesson for studying without quitting

斷끊을 단 機베틀 기 之어조사 지 敎가르칠 교

학업을 중도에 그만두는 것은 짜던 베를 끊어버리는 것과 같아 아무런 이익이 없다는 뜻으로, 학업을 도중에 그만두어서는 안 된다는 부모의 엄격한 가르침을 일컫는다.

맹자 어머니는 힘든 livelihood을 꾸리는 중에도 아들의 공부를 위해 객지로 맹자를 유학 보냈다. 그런데 얼마 되지 않아 맹자가 집으로

돌아왔다. 그러고는 "다 배웠다"고 말했다.

　맹자 어머니는 어처구니가 없어 맹자를 말없이 stare(=gaze)하다가 갑자기 짜고 있던 베를 가위로 잘라버렸다. 그리고 firmly하게 말했다.

　"공부도 이와 similar하다. 도중에 abandon하면 아무 쓸모가 없게 된다."

　어머니의 갑작스런 행동을 지켜본 맹자는 깨달은 바가 있었다. 맹자는 그 길로 다시 공자의 손자인 자사를 찾아가 그의 제자가 되어 열심히 공부했다. 그리하여 마침내 훌륭한 figure가 될 수 있었다.

 본문에 나오는 단어의 뜻이 무엇일지 문맥에 맞게 추측해 써보세요.

367. **livelihood**

368. **stare**

369. **gaze**

370. **firmly**

371. **similar**

372. **abandon**

373. **figure**

 추측한 단어들을 이용해 이야기를 다시 한 번 읽어보고 제목의 의미를 생각해보세요.

단기지교 means "parent's rigid lesson for studying without quitting".

단기지교는 ________________________라는 뜻이다.

 이제 다음 장에 나와 있는 단어의 뜻을 보고 확인 후 공부하세요.

Parent's rigid lesson for studying without quitting

(중단하지 말고 공부를 계속하라는 부모의 엄격한 가르침)

367. **livelihood** [láivlihùd] *n.* 생계, 살림

368. **stare** [stɛər] *v.* 응시하다, 바라보다

369. **gaze** [geiz] *v.* 응시하다 *n.* 응시, 주시

370. **firmly** [fə́:rmli] *ad.* 확고하게, 단호하게

    firm [fə:rm] *a.* 확고한, 단호한, 단단한 *ad.* 단단히, 굳게 *n.* 회사

    ▶ '확고' 하게 지속되어야 하는 것이 '회사' 입니다. 회사가 확고하지 않으면 직원들은 먹고살 일이 막막해집니다.

371. **similar** [símələr] *a.* 비슷한, 유사한

    similarly [símələrli] *ad.* 비슷하게, 유사하게

    similarity [sìməlǽrəti] *n.* 비슷함, 유사점

372. **abandon** [əbǽndən] *v.* 포기하다, 버리다(=give up)

373. **figure** [fígjər/-gər] *n.* 1.인물 2.모습, 모양, 그림 3.숫자 4.계산 *v.* 1.숫자로 표시하다 2.계산하다 3.생각하다, 이해하다

    ▶ '인물' 은 일단 '모습' 과 '모양' 을 나타내고, 모습과 모양은 '그림' 으로 나타낼 수 있습니다. '숫자' 는 수학을 상징하는 그림이라 할 수 있죠. 숫자로는 '계산' 을 하고 계산을 하려면 그 숫자를 '생각하' 고 '이해해' 야 합니다. 이런 식으로 연상해 외워보세요.

29. Reckless behavior without hard thinking

당 랑 거 철

螳사마귀 당 螂사마귀 랑 拒막을 거 轍바퀴 자국 철
사마귀가 앞발을 쳐들고 지나가는 수레를 막는다는 말로, 분수도 모르고 강적에게 덤벼드는 무모한 행동을 말한다.

제나라 장공이 vehicle(=cart)을 타고 사냥터에 가고 있었다. 그때 한 마리의 사마귀가 paw를 쳐들고 수레를 obstruct(=hinder=block) 했다.

장공이 웬 벌레냐고 묻자 옆의 신하가 reply했다.

"저 녀석은 사마귀란 벌레인데 성질이 outrageous하여 forward로 나아갈 줄만 알지 도무지 뒤로 recede(=withdraw)할 줄은 모릅니다. 자기 힘의 limit도 모르고 무조건 강자에게 마구 defy(=challenge)하는 버릇이 있습니다."

장공은 고개를 끄덕이며 말했다.

"비록 벌레라고는 하나 천하무적의 용사 같구나. bravery가 가상하니 수레를 돌려 피해 가라."

 본문에 나오는 단어의 뜻이 무엇일지 문맥에 맞게 추측해 써보세요.

374. **vehicle**	382. **forward**
375. **cart**	383. **recede**
376. **paw**	384. **withdraw**
377. **obstruct**	385. **limit**
378. **hinder**	386. **defy**
379. **block**	387. **challenge**
380. **reply**	388. **bravery**
381. **outrageous**	

 추측한 단어들을 이용해 이야기를 다시 한 번 읽어보고 제목의 의미를 생각해보세요.

당랑거철 means "reckless behavior without hard thinking".

당랑거철은 ________________________라는 뜻이다.

 이제 다음 장에 나와 있는 단어의 뜻을 보고 확인 후 공부하세요.

Reckless behavior without hard thinking(깊은 생각 없는 무모한 행동)

374. **vehicle**[víːikəl/víːhi-] *n.* 수송 수단, 탈것(자동차 · 열차 · 선박 · 항공 기 · 우주선 등)

375. **cart**[kɑːrt] *n.* 수레, 마차

376. **paw**[pɔː] *n.* 동물의 앞발

377. **obstruct**[əbstrʌkt] *v.* 막다, 방해하다

378. **hinder**[híndər] *v.* 막다, 방해하다 **hindrance**[híndrəns] *n.* 방해, 장애물

379. **block**[blɑk/blɔk] *v.* 막다, 방해하다 *n.* 1.큰 덩어리 2.장애물

380. **reply**[riplái] *v.* 대답하다, 응답(응수)하다 *n.* 응답, 대답

381. **outrageous**[autréidʒəs] *a.* 난폭한, 포학한
    outrage[áutrèidʒ] *n.* 난폭, 폭행, 불법 행위

382. **forward**[fɔ́ːrwərd] *ad.* 앞으로, 전방으로 *v.* 앞으로 나아가게 하다

383. **recede**[riːsíːd] *v.* 물러나다, 퇴각하다, 철수하다
    recession[riséʃən] *n.* 1.퇴각, 철수 2.경기 후퇴

384. **withdraw**[wiðdrɔ́ː/wiθ-] -**withdrew**[wiðdrúː] -**withdrawn**[wiðdrɔ́ːn/wiθ-]
    v. 1.물러나다, 철수하다 2.인출하다
    withdrawal[wiðdrɔ́ːəl/wiθ-] *n.* 1.물러남, 철수, 철회 2.예금 인출
    ▶돈을 은행에서 '철수' 시키면 '예금 인출' 이 되는 거죠.

385. **limit**[límit] *n.* 한계(선), 경계 *v.* 한계를 정하다, 제한하다

386. **defy**[difái] *v.* 도전하다, 반항하다 *n.* 도전, 반항
    defiance[difáiəns] *n.* 도전, 반항

387. **challenge**[tʃǽlindʒ] *n.* 도전 *v.* 도전하다

388. **bravery**[bréivəri] *n.* 용기, 용맹 **brave**[breiv] *a.* 용감한

30. Enjoying of happy life in the reign of peace

道길 도 不아니 불 拾주을 습 遺끼칠 유
나라가 평화로우면 길가에 떨어진 남의 물건을 줍지 않는다는 뜻으
로 백성들이 잘 먹고 잘 살고 있는 여유로운 상태를 비유한 말이다.

노나라의 정공 14년째 56세가 된 공자는 재상으로서의 affair를 보았

다. 옳지 못한 사람을 덕행으로 감화하는 공자의 덕화 policy는 노나라

구석구석까지 미치지 않는 곳이 없었다.

공자는 평소에 주장하던 이상 정치를 펼쳤다. 이러한 통치 아래 노나라는 literally 태평성대를 구가했다.

사람들은 길에 떨어진 것을 보아도 절대로 줍지 않았다. 또한 물건을 deal할 때 deceive(=cheat)하는 일이 없어졌고, 남녀 간의 문란함이 vanish(=disappear)했다.

그 정도로 온 나라가 평화스러웠다.

 본문에 나오는 단어의 뜻이 무엇일지 문맥에 맞게 추측해 써보세요.

389. **affair**	394. **cheat**
390. **policy**	395. **vanish**
391. **literally**	396. **disappear**
392. **deal**	
393. **deceive**	

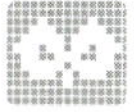 추측한 단어들을 이용해 이야기를 다시 한 번 읽어보고 제목의 의미를 생각해보세요.

도불습유 means "enjoying of happy life in the reign of peace".

도불습유는 ＿＿＿＿＿＿＿＿＿＿＿＿＿＿＿＿＿＿라는 뜻이다.

 이제 다음 장에 나와 있는 단어의 뜻을 보고 확인 후 공부하세요.

Enjoying of happy life in the reign of peace

(평화로운 통치 아래 행복한 삶을 즐기는 것)

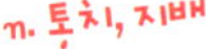

389. **affair** [əfɛ́ər] *n.* 1. 업무, 일 2. 사건

390. **policy** [páləsi/pɔ́l-] *n.* 정책, 방침

391. **literally** [lítərəli] *ad.* 말 그대로, 글자 뜻 그대로

    literal [lítərəl] *a.* 말 그대로의, 글자 뜻 그대로의

392. **deal** [diːl] -**dealt** [delt] -**dealt** [delt] *v.* 1. 거래하다 2. 분배하다 3. 다루다, 처리하다 *n.* 1. 거래 2. 처리

    ▶ 물건을 알맞게 '다루' 고 '처리' 해서 원하는 사람들에게 돈을 받고 '분배하' 면 이것이 곧 '거래' 가 되겠지요.

393. **deceive** [disíːv] *v.* 속이다, 사기 치다

    deceit [disíːt] *n.* 속임수, 사기

394. **cheat** [tʃiːt] *v.* 1. 속이다 2. 부정한 일을 저지르다 *n.* 1. 속임수, 부정행위 2. 사기꾼

395. **vanish** [vǽniʃ] *v.* 사라지다

396. **disappear** [dìsəpíər] *v.* 사라지다

31. Repeating makes a hidden truth emerge

독 서 백 편 의 자 현

讀읽을 독 書글 서 百일백 백 遍두루 편 義뜻 의 自스스로 자 見 드러날 현

책을 여러 번 읽으면 뜻이 저절로 드러난다는 의미로, 무엇이든 끈기 있게 반복하다 보면 진리를 알게 된다는 말이다.

주자가 말하기를 "책은 다만 읽음으로써 귀해지는 것이고, 읽는 것이 많아지면 자연스럽게 깨닫는 것이다" 라고 했다.

후한 말기의 대학자인 동우도 말하기를 "책을 여러 번 읽다 보면 뜻이 spontaneously하게 emerge한다"라고 했다.

동우는 어려서부터 학문을 좋아하여 책을 늘 closely에 두고 읽었다. 후에 높은 벼슬에까지 이르고 fame(=reputation)을 떨치게 되자 그에게 글을 배우겠다는 사람들이 각지에서 몰려왔다. 하지만 동우는 글을 배우겠다고 오는 사람이 있으면 "내게서 배우기보다 집에서 자네 혼자 읽어보게. 그러면 자연히 뜻을 알게 될 것일세"라며 사람들을 다시 고향으로 repel했다.

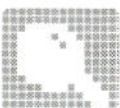 본문에 나오는 단어의 뜻이 무엇일지 문맥에 맞게 추측해 써보세요.

397. **spontaneously**
398. **emerge**
399. **closely**
400. **fame**

401. **reputation**
402. **repel**

 추측한 단어들을 이용해 이야기를 다시 한 번 읽어보고 제목의 의미를 생각해보세요.

독서백편의자현 means "repeating makes a hidden truth emerge".

독서백편의자현은 ________________________라는 뜻이다.

 이제 다음 장에 나와 있는 단어의 뜻을 보고 확인 후 공부하세요.

Repeating makes a hidden truth emerge
(무엇이든 반복하다 보면 숨어 있는 진실을 깨닫기 마련)

397. **spontaneously** [spɑntéiniəsli/spɔn-] *ad.* 자발적으로

   spontaneous [spɑntéiniəs/spɔn-] *a.* 자발적인

398. **emerge** [imə́:rdʒ] *v.* 나타나다, 드러나다, 분명해지다

   emergence [imə́:rdʒəns] *n.* 출현, 발생

399. **closely** [klóusli] *ad.* 1. 가까이, 친밀하게 2. 세밀하게

   ▶가깝고 '친밀' 하면 '세밀' 한 부분까지 알게 되겠죠.

400. **fame** [feim] *n.* 명성, 평판 *v.* 명성을 높이다

401. **reputation** [rèpjətéiʃən] *n.* 명성, 평판

402. **repel** [ripél] *v.* 쫓아버리다, 퇴짜 놓다, 거절하다

32. Having deaf ears to somebody else's advice

마 이 동 풍

馬말 마 耳귀 이 東동녘 동 風바람 풍
말의 귀를 스치는 동풍이라는 뜻으로 다른 사람의 충고를 전혀 듣지 않는 것을 말한다. '소귀에 경 읽기'라는 우리 속담과 같은 의미다.

마이동풍은 이백의 시 〈답왕십이한야독작유회(答王十二寒夜獨酌有懷)〉에서 유래된 고사성어다. 이백의 친구 왕거일이 밤늦게 혼자 술을 마시다 sentiment에 젖어 시를 적어 보냈다. 이에 이백은 다음과 같은 시로 화답했다.

북쪽 창에 lean하고 시를 compose한다.
그러나 시가 아무리 superior(↔inferior)한 masterpiece라 해도
지금 세상에서는 아무런 가치도 없다.
그러한 명시를 들어도 감상할 줄도 모르고
그저 동풍이 말의 귀를 스치는 정도로밖에 생각지 않는다.

이백은 더욱 슬프고 분해하며 "원래 중국은 무(武)보다 문(文)을
emphasize하는 나라로, 문의 힘이 한 나라를 망하게도 하고 반대로
thrive(=prosper=flourish)하게도 했다"라고 썼다.

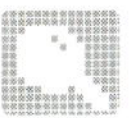 본문에 나오는 단어의 뜻이 무엇일지 문맥에 맞게 추측해 써보세요.

403. **sentiment**

404. **lean**

405. **compose**

406. **superior**

407. **inferior**

408. **masterpiece**

409. **emphasize**

410. **thrive**

411. **prosper**

412. **flourish**

 추측한 단어들을 이용해 이야기를 다시 한 번 읽어보고 제목의 의미를 생각해보세요.

마이동풍 means "having deaf ears to somebody else's advice".

마이동풍은 _______________________________라는 뜻이다.

 이제 다음 장에 나와 있는 단어의 뜻을 보고 확인 후 공부하세요.

Having deaf ears to somebody else's advice(남의 말에는 전혀 귀를 기울이지 않는 고집스런 행동)

403. sentiment[séntəmənt] *n.*감정, 감상

sentimental[sèntiméntl] *a.*감정적인, 감상적인

404. lean[li:n] **-leaned**[li:nd/lent] **-leaned**[li:nd] *v.*1.기대다 2.기울다, 경사지다 *n.*기울기, 경사 *a.*야윈, 마른, 기름기 없는

▶ '기댄다' 는 것은 몸을 '기울인다' 는 뜻이고, 기울이면 당연히 '경사지' 게 됩니다. 몸은 왜 기울일까요. '야위어' 서 힘이 없으니 그렇겠죠?

405. compose[kəmpóuz] *v.*1.구성하다, 조직하다 2.작문하다, 작곡하다

composition[kàmpəzíʃən/kɔ̀m-] *n.*1. 구성, 조직 2. 작문, 작곡 3.혼합(물)

▶무엇인가를 '구성' 하는 대상이 글이면 '작문' 이고, 노래라면 '작곡' 이 되겠죠. 또 구성한다는 말이 여러 가지를 '혼합' 해서 조화롭게 만든다는 뜻으로 쓰이니 혼합(물)이라는 의미로도 쓰이는 것이 이상하지 않습니다.

406. superior[səpíəriər/su-] *a.* 보다 우수한, 보다 높은, 상급의 *n.*우수한 사람, 윗사람, 상관

407. inferior[infíəriər] *a.*보다 열등한, 보다 낮은, 하급의 *n.*열등한 사람, 하급자

408. masterpiece[mæstərpì:s/má:s-] *n.*걸작, 명작

409. emphasize[émfəsàiz] *v.*강조하다

emphasis[émfəsis] *n.*1.강조, 강세 2.역설

410. thrive[θraiv] **-throve**[θrouv] **-thriven**[θrívən] *v.*번창하다, 번영하다

411. prosper[práspər/prɔ́s-] *v.*번영하다(시키다), 성공하다(시키다), 잘 자라다 **prosperity**[praspérəti/prɔs-] *n.*번영, 번창, 성공

412. flourish[flə́:riʃ/flʌ́riʃ] *v.*번영(번성)하다, 잘 자라다

33. Regret at the past prosperity

麥보리 맥 秀빼어날 수 之어조사 지 嘆탄식할 탄

맥수란 무성한 보리밭을 뜻한다. 사람들이 무성한 보리밭을 보고 멸망한 조국을 떠올리며 한탄했다고 해서 생긴 말이다.

은나라 주왕은 tyrannical한 정치로 악명이 높았다. 당시 그에게 훌륭한 신하 셋이 있었는데 공자는 세 사람의 충신에 대해 이렇게 말했다.

"미자는 떠나고, 기자는 종이 되고, 비간은 충언을 하다가 죽었다."

　이 세 명의 충신 가운데 기자는 주왕에게 cordially하게 충언했으나 주왕이 들어주지 않자 목숨을 preserve하기 위해 머리를 풀어 헤치고 남의 집 종이 되어 숨었다. 이후 세상은 주나라에 의해 통일되었다.
　어느 날 기자는 예전 은나라의 도읍을 지나게 되었다. 그곳은 deserted(=devastated)되어 barley와 잡초만이 무성하게 자라고 있었다. 이 scene(=scenery)를 본 기자는 회한에 젖어 다음과 같은 시를 읊었다.

　보리만 무성하게 자라 있네.
　벼와 비장도 가득하구나.
　저 교활한 어린아이가
　내 말을 듣지 않은 탓이지.

 본문에 나오는 단어의 뜻이 무엇일지 문맥에 맞게 추측해 써보세요.

413. **tyrannical**	418. **scene**
414. **cordially**	419. **scenery**
415. **preserve**	420. **barley**
416. **deserted**	
417. **devastated**	

 추측한 단어들을 이용해 이야기를 다시 한 번 읽어보고 제목의 의미를 생각해보세요.

맥수지탄 means "regret at the past prosperity".

맥수지탄은 ________________________________라는 뜻이다.

 이제 다음 장에 나와 있는 단어의 뜻을 보고 확인 후 공부하세요.

Regret at the past prosperity

(과거의 영화를 생각하며 애통해하는 것)

413. **tyrannical** [tirǽnikəl/tai-] *a.* 폭군의, 포악한

    tyranny [tírəni] *n.* 포학, 폭정

414. **cordially** [kɔ́:rdʒəli] *ad.* 진심으로, 간곡한

    cordial [kɔ́:rdʒəl/-diəl] *a.* 충심 어린, 간곡하게

415. **preserve** [prizə́:rv] *v.* 1.보전하다, 유지하다 2.보존하다, 지키다

416. **deserted** [dizə́:rtid] *a.* 황폐한, 사람이 살지 않는

    desert [dézə:rt/dizə́:rt] *n.* 사막, 황무지

417. **devastated** [dévəstèitid] *a.* 황폐한, 파괴된

    devastate [dévəstèit] *v.* 황폐화시키다, 파괴하다

    devastating [dévəstèitiŋ] *a.* 황폐화시키는, 파괴적인

    devastation [dèvəstéiʃən] *n.* 황폐, 파괴

418. **scene** [si:n] *n.* 현장, 장면, 풍경

419. **scenery** [sí:nəri] *n.* 무대 장면, 배경

420. **barley** [bá:rli] *n.* 보리

34. A personal bias based not on a wide view but on a narrow view

盲장님 맹 人사람 인 摸더듬어 찾을 모 象코끼리 상
눈먼 소경들이 코끼리를 만지는 식으로 전체를 이해하지 못하고 자기가 보거나 들은 것에만 근거해서 주장을 내세우는 것을 일컫는다.

옛날 인도의 경면왕이 장님들을 모아 놓고 코끼리를 만져보게 한 후 각자 느낀 impression을 말해보라 했다.

이빨을 만져본 한 장님은 "코끼리의 appearance는 굵고 큰 무와 같습니다"라고 말했다.

귀를 만져본 장님은 "코끼리의 모습은 쌀을 까부는 키와 같습니다"라고 했다.

발을 만져본 장님은 "코끼리는 절구통과 같습니다"라고 했다.

등을 만져본 장님은 "제가 보기엔 흡사 flat한 침대와 같습니다"라고 했다.

배를 만져본 장님은 "코끼리의 모습은 배가 튀어나온 pot과 같습니다"라고 했다.

마지막으로 코끼리의 꼬리를 만져본 장님이 말했다.

"코끼리의 모습은 굵은 밧줄과 꼭 같습니다."

이들은 서로 자기의 의견이 옳다고 주장했다. 이를 보고 왕은 크게 웃음을 burst하며 말했다.

"entire를 보지 않고 일부만 보고 세상의 이치를 판단하는 것은 참으로 어리석은 일이다."

 본문에 나오는 단어의 뜻이 무엇일지 문맥에 맞게 추측해 써보세요.

421. **impression**

422. **appearance**

423. **flat**

424. **pot**

425. **burst**

426. **entire**

 추측한 단어들을 이용해 이야기를 다시 한 번 읽어보고 제목의 의미를 생각해보세요.

맹인모상 means "a personal bias based not on a wide view but on a narrow view".

맹인모상은 _______________________________라는 뜻이다.

 이제 다음 장에 나와 있는 단어의 뜻을 보고 확인 후 공부하세요.

A personal bias based not on a wide view but on a narrow view

(넓은 관점으로 세상을 보지 않고 좁은 관점으로 세상을 봄으로써 생길 수 있는 사람의 편견)

421. impression [impréʃən] *n.* 인상, 느낌

impressive [imprésiv] *a.* 인상적인, 인상에 남는

impress [imprés] *v.* ~에게 인상을 심어주다, ~에게 감동을 주다

422. appearance [əpíərəns] *n.* 1.출현 2.외모, 모습

appear [əpíər] *v.* 1.출현하다, 나타나다 2.~처럼 보이다

▶사람이든 물건이든 처음 '나타나' 면 보이는 게 뭘까요. 바로 '외모', '모습' 이죠. 또한 외모나 모습을 보면 무엇과 닮았다는 생각이 떠오르기도 하니 '~처럼 보이다' 라는 의미로도 쓰인다고 이해해보세요.

423. flat [flæt] *a.* 1.편평한, 납작한 2.단조로운, 단호한 *ad.* 1.편평하게, 납작하게 2.단호히 *n.* 평면, 평지 *v.* 편평하게 하다

424. pot [pɑt/pɔt] *n.* 단지, 항아리

425. burst [bəːrst] *v.* 터지다, 터뜨리다 *n.* 파열, 폭발

426. entire [entáiər] *a.* 전체의, 완전한 *n.* 전체, 완전

entirely [entáiərli] *ad.* 전체적으로, 완전히

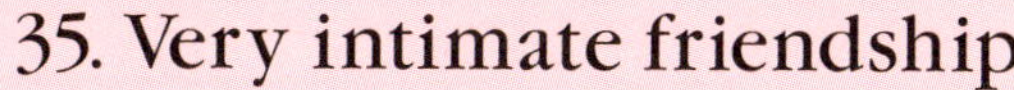

35. Very intimate friendship

剄목 찌를 문 頸목 경 之어조사 지 交사귈 교
서로를 위해서라면 목이 잘려도 좋다는 뜻으로, 극히 친밀하고 귀중
한 사이나 친구를 일컫는 말이다.

진(秦)나라 소왕은 조나라 혜문왕이 가지고 있는 화씨란 구슬이 탐났
다. 그래서 열다섯 개의 성과 구슬을 바꾸자고 조나라에 offer했다. 하
지만 구슬을 얻자 성을 주기로 한 약속을 violation하고 발뺌했다.

조나라의 인상여는 꾀를 내어 구슬의 흠을 가르쳐주겠다는 핑계로 구슬을 되찾아왔다. 인상여는 화씨의 구슬을 되찾아온 공로로 상대부란 벼슬에까지 올랐고 이후 조나라의 명장인 염파보다도 벼슬이 높아졌다.

염파는 분개하여 "그놈은 원래 status가 천한데 그의 밑에 있다는 것은 disgrace스러운 일이다. 인상여를 만나면 반드시 insult(=contempt)를 주고야 말겠다"며 별렀다.

이 말을 전해 들은 인상여는 염파 만나기를 한사코 evade했다. 주위 사람들이 인상여에게 물었다.

"당신은 might가 막강한데 무엇이 두려워 염파를 피하는가?"

그러자 인상여가 말했다.

"나는 아무것도 두려운 것이 없다. 아무리 염 장군이라도 내가 두려워하겠느냐? 내가 염 장군을 피하는 이유는 국가의 안전을 더욱 significantly하게 생각하고 개인의 사소한 원한은 insignificantly하게 여기기 때문이다."

다시 이 말을 전해 들은 염파는 스스로 부끄럽게 여기고 인상여의 집으로 찾아가 무릎을 꿇고 forgiveness를 빌었다. 이를 계기로 두 사람은 설사 목이 베어져 죽임을 당하더라도 마음이 변치 않는 intimate한 관계를 맺었다고 한다.

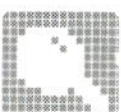 본문에 나오는 단어의 뜻이 무엇일지 문맥에 맞게 추측해 써보세요.

427. **offer**	434. **might**
428. **violation**	435. **significantly**
429. **status**	436. **insignificantly**
430. **disgrace**	437. **forgiveness**
431. **insult**	438. **intimate**
432. **contempt**	
433. **evade**	

 추측한 단어들을 이용해 이야기를 다시 한 번 읽어보고 제목의 의미를 생각해보세요.

문경지교 means "very intimate friendship".

문경지교는 ________________________________라는 뜻이다.

 이제 다음 장에 나와 있는 단어의 뜻을 보고 확인 후 공부하세요.

Very intimate friendship

(매우 친밀한 우정)

427. **offer** [ɔ́(:)fər/áf-] *n.* 제공, 제안 *v.* 제공하다, 제안하다

▶물건을 주는 것은 '제공' 이고, 의견을 내놓는 것은 '제안' 이겠죠.

428. **violation** [vàiəléiʃən] *n.* 위반, 침해

violate [váiəléit] *v.* 위반하다, 침해하다

429. **status** [stéitəs/stǽtəs] *n.* 지위, 신분, 상태

430. **disgrace** [disgréis] *n.* 창피, 불명예, 치욕 *v.* 창피를 주다

grace [greis] *n.* 품위, 은혜 **graceful** [gréisfəl] *a.* 품위 있는, 은혜로운

431. **insult** [ínsʌlt] *n.* 모욕 *v.* 모욕하다

432. **contempt** [kəntémpt] *n.* 경멸, 모욕

contemptuous [kəntémptʃuəs] *a.* 경멸하는, 모욕적인

433. **evade** [ivéid] *v.* 피하다, 벗어나다

434. **might** [mait] *n.* 힘, 권력

mighty [máiti] *a.* 힘센, 강력한 *ad.* 대단히, 강력히

▶이 might는 조동사 may(~일지도 모른다)의 과거형 might와는 다른 동음이의어입니다.

435. **significantly** [signífikəntli] *ad.* 중요하게, 의미 있게

significant [signífikənt] *a.* 중대한, 중요한, 의미 있는

436. **insignificantly** [ìnsignífikəntli] *ad.* 중요치 않게, 의미 없이

insignificant [ìnsignífikənt] *a.* 중요치 않은, 의미 없는

437. **forgiveness** [fərgívnis] *n.* 용서 **forgive** [fərgív] *v.* 용서하다

438. **intimate** [íntəmit] *a.* 친한, 절친한

intimacy [íntəməsi] *n.* 친교, 절친함

36. A person faithful but stupid enough to kill himself or herself for keeping a promise

미생지신

尾꼬리 미 生날 생 之어조사 지 信믿을 신
너무 고지식해서 어리석은 믿음을 끝까지 고수하는 융통성 없는 사람을 일컫는다.

노나라에 미생이라는 우직하고 고지식한 사람이 있었다.

어느 날 미생은 연인과 개울 다리 밑에서 만나기로 했다. 미생은 개울 다리 아래서 연인을 기다렸으나 약속 시간이 한참 지나도록 연인은 나타나지 않았다.

　　그 순간 소나기가 pour하기 시작했다. 시간이 흐를수록 물이 차츰 increase(=multiply↔〔decrease=diminish〕)해서 마침내 몸이 물에 sink하게 되었다. 하지만 미생은 자리를 떠나지 않고 계속 연인을 기다리다가 그만 drown해버리고 말았다.

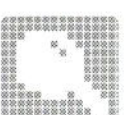 본문에 나오는 단어의 뜻이 무엇일지 문맥에 맞게 추측해 써보세요.

439. **pour**

440. **increase**

441. **multiply**

442. **decrease**

443. **diminish**

444. **sink**

445. **drown**

 추측한 단어들을 이용해 이야기를 다시 한 번 읽어보고 제목의 의미를 생각해보세요.

미생지신 means "a person faithful but stupid enough to kill himself or herself for keeping a promise".

미생지신은 _______________________________라는 뜻이다.

 이제 다음 장에 나와 있는 단어의 뜻을 보고 확인 후 공부하세요.

A person faithful but stupid enough to kill himself or herself for keeping a promise

(약속을 지키기 위해 목숨을 버릴 만큼 신의가 있지만 한편으로는 어리석은 사람)

439. pour [pɔːr] *v.* 퍼붓다, 쏟다 *n.* 퍼붓는 비, 대단한 흐름

440. increase [inkríːs] *v.* 증가하다, 늘다, 늘리다 *n.* 증가, 증식

441. multiply [mʌ́ltəplài] *v.* 1. 증가하다, 늘리다 2. 번식시키다 3. 곱하다
　　n. 곱셈

442. decrease [díːkriːs / dikríːs] *v.* 감소하다, 줄이다 *n.* 감소, 축소

443. diminish [dəmíniʃ] *v.* 감소하다, 줄이다, 작아지다

444. sink [siŋk] **-sank** [sæŋk] **-sunk** [sʌŋk] , **sunken** [síŋkən] *v.* 가라앉다, 가
　　라앉히다, (해 · 달 따위가) 지다

445. drown [draun] *v.* 익사시키다, 익사하다

37. A desperate fight at the risk of someone's life

背등 배 水물 수 之어조사 지 陣진 칠 진
물을 등지고 진을 친다는 뜻으로 죽음을 각오하고 결사적으로 싸움
에 임하는 것을 일컫는다.

한군의 부대를 이끌던 한신은 위나라와의 전쟁에서 이기고 그 여세

를 몰아 조나라로 rush해 쳐들어갔다.

조나라 20만 군대는 성문을 열고 일제히 대항했다. 이에 한신은

false로 퇴각하여 언덕 아래 강물을 등지고 있던 군사들과 merge했다. 그러자 조나라 군사들은 성을 empty하고 일제히 공격해왔다. 한신의 군사들은 뒤에 깊은 강물이 흐르고 있기 때문에 모두들 죽을힘을 다해 싸울 수밖에 없었다. 그리하여 한나라는 마침내 대승을 거둘 수 있었다.

싸움이 끝나고 celebrate하는 잔치가 벌어졌을 때 장수들이 한신에게 물었다.

"병법에는 산을 등지고 물을 앞에 두고 싸우라고 나와 있습니다. 하지만 장군께서는 강물을 등지고 싸웠는데도 승리를 거두었습니다. 왜 그런지요?"

이에 한신이 demonstrate(=explain)했다.

"이것도 병법의 하나로 장군들이 미처 recognize하지 못한 것뿐이오. 병서에는 자신을 죽음으로 몰아넣어야 살길을 찾을 수 있다는 내용이 있소. 그것을 apply한 것이 배수진(혹은 배수지진)이란 전략이오. 우리 군대는 원정을 계속하며 supplement한 훈련이 제대로 되어 있지 않은 군사들로 채워지게 되었소. 이들을 보통의 병법으로 싸우게 했다면 분명 모두 뿔뿔이 scatter(=disperse)해서 도망쳤을 것이오. 그래서 가장 imminent한 방법을 쓴 것이오."

본문에 나오는 단어의 뜻이 무엇일지 문맥에 맞게 추측해 써보세요.

446. **rush**	453. **recognize**
447. **false**	454. **apply**
448. **merge**	455. **supplement**
449. **empty**	456. **scatter**
450. **celebrate**	457. **disperse**
451. **demonstrate**	458. **imminent**
452. **explain**	

추측한 단어들을 이용해 이야기를 다시 한 번 읽어보고 제목의 의미를 생각해보세요.

배수지진 means "a desperate fight at the risk of someone's life".

배수지진은 ________________________라는 뜻이다.

이제 다음 장에 나와 있는 단어의 뜻을 보고 확인 후 공부하세요.

A desperate fight at the risk of someone's life

(목숨을 건 필사적인 싸움)

446. **rush** [rʌʃ] *v.* 돌진하다, 돌격하다 *n.* 돌진, 돌격

447. **false** [fɔːls] *a.* 1. 거짓의, 가짜의 2. 잘못된, 틀린 *ad.* 1. 거짓으로, 가짜로 2. 잘못되어, 틀리게

448. **merge** [məːrdʒ] *v.* 합치다, 합병하다

449. **empty** [émpti] *a.* 텅 빈, 공허한 *v.* 텅 비우다 *n.* 빈 그릇, 빈집
    emptiness [émptinis] *n.* 텅 빔, 공허, 덧없음

450. **celebrate** [séləbrèit] *v.* 경축하다, 축전(의식)을 행하다
    celebration [sèləbréiʃən] *n.* 축하, 의식

451. **demonstrate** [démənstrèit] *v.* 1. 설명하다, 증명하다, 보여주다 2. 시위(데모)하다
    demonstration [dèmənstéiʃən] *n.* 1. 설명, 증명, 시범 2. 시위(데모)
    ▶ 자신의 요구 사항이 무엇인지 '설명' 하고 보여주는 것이 '시위(데모)' 겠죠?

452. **explain** [ikspléin] *v.* 설명하다 **explanation** [èksplənéiʃən] *n.* 설명

453. **recognize** [rékəgnàiz] *v.* 인식하다, 인정하다, 알아내다
    recognition [rèkəgníʃən] *n.* 인식, 인정, 알아봄

454. **apply** [əplái] *v.* 1. 적용하다, 응용하다 2. 지원하다, 신청하다
    application [æplikéiʃən] *n.* 1. 적용, 응용 2. 지원(서), 신청
    applicant [æplikənt] *n.* 지원자, 신청자
    appliance [əpláiəns] *n.* 1. 전기기구, 장치 2. 적용, 응용

▶전기를 편리하게 이용할 수 있는 기술이 '적용' 된 것들이 '전기기구' 라고 연상해보세요.

455. supplement[sʌ́plmənt] *n.* 보충, 추가, 영양보충제 *v.* 보충하다, 추가하다

456. disperse[dispə́ːrs] *v.* 흩어지다, 흩뿌리다, 분산시키다

457. scatter[skǽtər] *v.* 흩어지다, 흩뿌리다 *n.* 흩뿌리기, 살포

458. imminent[ímənənt] *a.* 절박한, 급박한, 긴급한

다음 단어의 뜻을 천천히 떠올려보세요.

livelihood	deal
celebrate	cordially
empty	false
gaze	cheat
abandon	vanish
diminish	disappear
deceive	spontaneously
vehicle	sentiment
cart	explain
obstruct	recognize
hinder	apply
lean	figure
reply	supplement
outrageous	masterpiece
forward	disperse
withdraw	stare
prosperity	thrive
defy	pour
challenge	impression
policy	entire

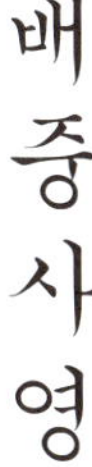

배
중
사
영

杯잔 배 中가운데 중 蛇뱀 사 影그림자 영
술잔 속에 비친 뱀의 그림자라는 뜻으로, 전혀 아무것도 아닌 사소한
일에 의심을 품을 때 쓰는 말이다.

진(晉)나라의 악광이라는 사람은 bright한 사람으로 인정받아 관리
에 등용되었다. 그는 인품이 단정하고 매우 decent했다.

그가 하남의 태수로 있을 때 하루는 친구가 방문해서 함께 술을 마셨다. 그런데 다음 날 그 친구가 몸이 sore해서 누워 있다는 전갈을 받았다. 친한 친구를 오랜만에 만나 rejoice해서 술대접을 했는데 하룻밤 사이에 그런 일이 생기니 이상했다.

악광은 술을 마시던 자리를 전날과 똑같이 만들어 놓고 이리저리 survey(=investigate)하던 중 술잔에 reflect하는 그림자를 발견했다. 그 그림자는 벽에 걸려 있는 bow였는데 흡사 뱀처럼 보였다.

악광은 다시 친구를 초대해 전과 같은 자리에서 술을 권하면서 지난번에 병이 든 이유를 물었다. 친구가 답했다.

"전에 술대접을 받을 때 술잔 속에 뱀이 보였네. 그 후부터 몸이 안 좋아 누워 지냈다네."

그러자 악광이 말했다.

"저 활이 술잔에 비쳐 뱀처럼 보인 거라네."

친구는 상황을 깨닫고 병이 깨끗이 heal했다.

본문에 나오는 단어의 뜻이 무엇일지 문맥에 맞게 추측해 써보세요.

459. **bright**	465. **reflect**
460. **decent**	466. **bow**
461. **sore**	467. **heal**
462. **rejoice**	
463. **survey**	
464. **investigate**	

추측한 단어들을 이용해 이야기를 다시 한 번 읽어보고 제목의 의미를 생각해보세요.

배중사영 means "needless anxiety about trifling matter".

배중사영은 _______________________________라는 뜻이다.

이제 다음 장에 나와 있는 단어의 뜻을 보고 확인 후 공부하세요.

Needless anxiety about trifling matter

(사소한 문제에 대한 쓸데없는 걱정)

459. bright[brait] *a.* 1. 빛나는, 밝은 2. 영리한, 똑똑한

▶ '영리한' 사람에 대해 말할 때 '빛나는' 머리와 '밝은' 눈을 가졌다고 하죠.

460. decent[díːsnt] *a.* 1. 예절 바른, 품위 있는 2. 적절한, 알맞은

▶ '예절이 바르' 다는 것은 행동 하나하나가 정도에 지나치지 않고 '적절하' 다는 겁니다.

461. sore[sɔːr] *a.* 아픈, 쑤시는 *n.* 아픈 곳

462. rejoice[ridʒóis] *v.* 기뻐하다, 즐거워하다

463. survey[səːrvéi] *v.* 조사하다, 관찰하다 *n.* 조사, 관찰

464. investigate[invéstəgèit] *v.* 조사하다, 연구하다

465. reflect[riflékt] *v.* 1. 반사하다 2. 반영하다, 비치다, 나타나다 3. 반성하다, 생각하다

reflection[riflékʃən] *n.* 1. 반사 2. 반영, 비친 그림자 3. 반성, 생각

▶ 물이 빛을 '반사' 할 때 '그림자가 비칩' 니다. 또 집에 돌아와 하루 일을 '생각' 해보면 그날에 대한 '반성' 이 되지요. 이렇게 문장을 만들어 외워보세요.

466. bow[bou] *n.* 활 *v.* 활 모양으로 휘(어지)다

bow[bau] *n.* 절, 인사 *v.* 허리 숙여 절하다, 인사하다

▶ 뜻에 따라 발음이 달라지는 것에 주의하세요.

467. heal[hiːl] *v.* (병을) 고치다, 낫다, 치료하다

39. Mourning over the death of one's closest friend

伯맏 백 牙어금니 아 絕끊을 절 絃악기줄 현
백아가 거문고의 줄을 끊었다는 뜻으로, 자기의 음악적 재능을 인정해준 친구가 죽자 거문고 줄을 끊어버리고 두 번 다시 거문고를 타지 않았다는 백아의 이야기에서 유래한다. 자신을 진정으로 이해하는 친구의 죽음을 슬퍼하는 것을 일컫는다.

백아는 춘추시대 사람으로 거문고를 잘 탔고 그의 친구 종자기는 거문고 연주를 evaluate하는 평론가였다.

백아가 높은 산을 imagine하며 거문고를 타면 종자기는 "좋다, 거문고 소리여! 태산처럼 우뚝하다"라고 말하며 백아의 마음속 뜻을 알아맞혔다. 또 흐르는 맑은 물을 생각하며 거문고를 타면 "좋다, 거문고 소리여! 푸른 강물처럼 일렁이누나"라고 했다. 종자기가 백아의 거문고 연주의 의미를 infer하는 것은 틀리는 occasion이 없었고 백아는 그때마다 감탄했다.

"그대가 내 마음을 이해하는 것은 정말 놀랍다. 내 뜻과 그대의 마음이 같으니 내 음악이 그대에게서 벗어날 수가 없다."

두 사람은 이처럼 서로 뜻이 통하는 친구였다. 후에 종자기가 죽자 백아는 거문고 string을 끊어버리고 죽을 때까지 거문고를 타지 않았다. 세상에 자신의 음악을 알아주는 평론가가 더 이상 exist하지 않기 때문이었다.

 본문에 나오는 단어의 뜻이 무엇일지 문맥에 맞게 추측해 써보세요.

468. **imagine**

469. **evaluate**

470. **infer**

471. **occasion**

472. **string**

473. **exist**

 추측한 단어들을 이용해 이야기를 다시 한 번 읽어보고 제목의 의미를 생각해보세요.

백아절현 means "mourning over the death of one's closest friend".

백아절현은 ___________________________라는 뜻이다.

 이제 다음 장에 나와 있는 단어의 뜻을 보고 확인 후 공부하세요.

Mourning over the death of one's closest friend
(가장 가까운 친구의 죽음을 애도하는 것)

468. imagine [imǽdʒin] *v.* 상상하다

    imaginable [imǽdʒənəbəl] *a.* 상상할 수 있는

    imaginary [imǽdʒənèri/-nəri] *a.* 상상의, 가상의

    imagination [imæ̀dʒənéiʃən] *n.* 상상(력)

    imaginative [imǽdʒənətiv/-nèitiv] *a.* 상상력이 풍부한

469. evaluate [ivǽljuèit] *v.* 평가하다

    evaluation [ivæ̀ljuèiʃən] *n.* 평가(액)

470. infer [infə́:r] *v.* 추리하다, 추론하다

    inference [ínfərəns] *n.* 추리, 추론

471. occasion [əkéiʒən] *n.* 1. 경우, 때 2. 행사

472. string [striŋ] *n.* 줄, 끈 *v.* 줄로 묶다

473. exist [igzíst] *v.* 존재하다, 실존하다

    existence [igzístəns] *n.* 존재, 실존

40. The tyrannical behavior to the people

焚불사를 분 書글 서 坑묻을 갱 儒선비 유
책을 불사르고 유학자들을 생매장한다는 말로, 선비들을 탄압한 진시황의 폭정에서 유래했다. 권력자의 독재 행위를 일컫는다.

진시황은 황제의 자리에 오른 후 승상 이사의 제안을 받아들여 정부를 criticize하는 선비들을 생매장하고 책들을 거두어들여 불태워 없앴다.

　이때 medicine, astrology, 그리고 astronomy와 농업에 관한 책들은 물론이고 진(秦)나라의 history를 기록한 책까지도 닥치는 대로 불태웠다. 또 책을 conceal했다가 발각되면 살가죽에 문신을 새겨 고된 labor를 시키기도 했다.

　이 진시황 최대의 악행 때문에 역사적으로 귀중한 자료들이 사라지게 되었다.

 본문에 나오는 단어의 뜻이 무엇일지 문맥에 맞게 추측해 써보세요.

474. **criticize**   478. **history**

475. **medicine**   479. **conceal**

476. **astrology**   480. **labor**

477. **astronomy**

 추측한 단어들을 이용해 이야기를 다시 한 번 읽어보고 제목의 의미를 생각해보세요.

분서갱유 means "the tyrannical behavior to the people".

분서갱유는 _______________________________라는 뜻이다.

 이제 다음 장에 나와 있는 단어의 뜻을 보고 확인 후 공부하세요.

The tyrannical behavior to the people
(백성에 대한 포악한 군주의 행위)

474. **criticize** [krítisàiz] *v.* 비평하다, 비판하다

    criticism [krítisìzəm] *n.* 비평, 비판

    critic [krítik] *n.* 비평가, 평론가

    critical [krítikəl] *a.* 1.비평의, 비판적인 2.중대한, 결정적인

    ▶계획한 일에 대해 큰 '비판' 을 받게 되면 이 비판이 계획을 실현하는 데 '중대하' 고 '결정적인' 타격이 되겠지요.

475. **medicine** [médəsən] *n.* 1.약, 약물 2.의학

476. **astrology** [əstrálədʒi/-trɔ́l-] *n.* 점성학(술)

477. **astronomy** [əstránəmi/-trɔ́n-] *n.* 천문학

    astronomer [əstránəmər/-trɔ́n-] *n.* 천문학자

478. **history** [hístəri] *n.* 1.역사 2.경력

    historic [histɔ́(:)rik/-tár-] *a.* 역사적으로 중요한, 역사에 남는

    historical [histɔ́(:)rikəl] *a.* 역사(상)의, (역)사적인

479. **conceal** [kənsíːl] *v.* 숨기다, 비밀로 하다

480. **labor** [léibər] *n.* 노동, 노력

41. Thinking of all the people in the world as one's brotherhood

四넉 사 **海**바다 해 **兄**맏 형 **弟**아우 제

사해는 온 천하를 가리키는 말이다. 따라서 세상 모든 사람이 뜻과 마음을 같이하면 누구라도 형제, 피붙이와 같다는 의미가 된다.

공자의 제자 사마우의 형 환퇴는 송나라의 반역에 participate했다가 실패하고 외국으로 망명했다. 사마우가 어느 날 alien의 땅에서 홀

로 hardship(=suffering)을 겪고 있는 형 환퇴를 걱정하며 말했다.

　"세상 사람들은 모두 다 형제가 있는데 지금 나에게는 형제가 없다."

　듣고 있던 자하가 그를 console하며 말했다.

　"죽고 사는 것은 명에 있고, 부귀는 하늘의 뜻입니다. 군자가 예절이 있으면 온 천하 사람이 다 형제이거늘 어찌 형제가 지금 이 자리에 없음을 근심하시오."

　뜻을 같이하고 의견이 서로 accord(↔discord)하면 누구라도 형제처럼 지낼 수 있다는 뜻이었다.

 추리! 추리!

본문에 나오는 단어의 뜻이 무엇일지 문맥에 맞게 추측해 써보세요.

481. **participate**　　　485. **console**

482. **alien**　　　486. **accord**

483. **hardship**　　　487. **discord**

484. **suffering**

 추측한 단어들을 이용해 이야기를 다시 한 번 읽어보고 제목의 의미를 생각해보세요.

사해형제 means "thinking of all the people in the world as one's brotherhood".

사해형제는 _______________________________라는 뜻이다.

 이제 다음 장에 나와 있는 단어의 뜻을 보고 확인 후 공부하세요.

Thinking of all the people in the world as one's brotherhood

(세상의 모든 사람을 자신의 형제처럼 여기는 것)

481. **participate** [pɑ:rtísəpèit] *v.* 참가하다

   participation [pɑ:rtìsəpéiʃən] *n.* 참가

   participant [pɑ:rtísəpənt] *n.* 참가자

482. **alien** [éiljən/-liən] *a.* 1.외국의, 외국인의 2.이질적인 *n.* 1.외국인 2.외계인

483. **hardship** [hɑ́:rdʃip] *n.* 고통, 고난, 어려움

484. **suffering** [sʌ́fəriŋ] *n.* 고통, 고난, 재난

   suffer [sʌ́fər] *v.* (고통을) 겪다, 경험하다

485. **console** [kənsóul] *v.* 위로하다, 위문하다

486. **accord** [əkɔ́:rd] *v.* 일치하다(시키다), 조화하다(시키다) *n.* 일치, 조화

   accordance [əkɔ́:rdəns] *n.* 일치, 조화

487. **discord** [dískɔ:rd] *v.* 일치하지 않다, 사이가 나쁘다 *n.* 불일치, 불화

42. Making every effort to recruit a person of talent

三석 삼 顧돌아볼 고 草풀 초 廬농막집 려

삼
고
초
려

三석 삼 顧돌아볼 고 草풀 초 廬농막집 려
초가집을 세 번이나 찾아간다는 말로, 훌륭한 인재를 구하기 위해 노력한다는 의미다.

삼국시대 때 유비 현덕은 한나라의 대를 connect하는 일을 함께 할 인재를 찾고 있었는데 그때 신하 서서가 말했다.

"양양에 제갈량이라는 훌륭한 인재가 있습니다. 그는 학식과 재능을 possess한 보기 드문 사람입니다. 그와 함께 국사를 argue하시는 것이 좋겠습니다."

이 말을 들은 유비는 관우와 장비를 데리고 제갈량의 집으로 찾아갔다. 하지만 제갈량이 absent해서 만날 수 없었다. 두 번째 찾아갔을 때도 허탕을 친 유비가 세 번째로 찾아가니 제갈량이 마침 낮잠을 자고 있었다. 유비는 그가 잠에서 깰 때까지 밖에서 기다렸다. 제갈량이 이러한 유비의 정성에 감동하여 그의 요청을 permit했다. 유비는 이렇게 세 번 찾아가서 간청한 후에 비로소 제갈공명을 얻었다.

그 후 유비는 excellent(=outstanding)한 제갈량의 지략 덕분에 조조와의 적벽대전에서 100만 대군을 무찌를 수 있었다. 결국 제갈량의 도움으로 한나라 번영의 기초를 found할 수 있었던 것이다.

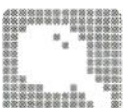 본문에 나오는 단어의 뜻이 무엇일지 문맥에 맞게 추측해 써보세요.

488. **connect**	493. **excellent**
489. **possess**	494. **outstanding**
490. **argue**	495. **found**
491. **absent**	
492. **permit**	

 추측한 단어들을 이용해 이야기를 다시 한 번 읽어보고 제목의 의미를 생각해보세요.

삼고초려 means "making every effort to recruit a person of talent".

삼고초려는 ________________________________라는 뜻이다.

 이제 다음 장에 나와 있는 단어의 뜻을 보고 확인 후 공부하세요.

Making every effort to recruit a person of talent

(재능 있는 인재를 얻기 위해 모든 노력을 기울이는 것)

488. connect[kənékt] *v.* 잇다, 연결(접속)하다

connection[kənékʃən] *n.* 연결, 결합, 관계

489. possess[pəzés] *v.* 소유하다, 가지고 있다

possession[pəzéʃən] *n.* 소유, 소유물, 재산

490. argue[áːrgju:] *v.* 1.논하다, 논의하다 2.주장하다

argument[áːrgjəmənt] *n.* 논의, 논쟁

▶서로의 뜻을 '주장하' 며 가장 좋은 의견을 뽑아내는 과정이 바로 '논의' 입니다.

491. absent[ǽbsənt] *a.* 1.부재의, 결석의, 없는, 결여된 2.멍한

absence[ǽbsəns] *n.* 1.부재, 결석, 없음, 결여 2.정신이 멍한 상태

▶정신이 '없으' 면 '멍한' 상태가 되는 거죠.

492. permit[pəːrmít] *v.* 허락하다, 허가하다 *n.* 면허(허가)장, 허가

permission[pəːrmíʃən] *n.* 허락, 허가, 면허

493. excellent[éksələnt] *a.* 뛰어난, 훌륭한   excel[iksél] *v.* 뛰어나다, 탁월하다   excellence[éksələns] *n.* 우수, 탁월함

494. outstanding[àutstǽndiŋ] *a.* 뛰어난, 눈에 띄는, 현저한

495. found[faund]-founded[faundid]-founded[faundid] *v.* (~의 기초를) 세우다, 설립하다, ~에 근거하다

foundation[faundéiʃən] *n.* 1.창설, 설립, 기초, 근거 2.재단, 협회

▶'재단' 을 '설립' 했다, '협회' 를 '창설' 했다, 이런 말 많이 들어보았죠?

43. The ups and downs of the worldly affairs

새옹지마

塞변방 새 翁노인 옹 之어조사 지 馬말 마
새 노인의 말이라고 풀이된다. 인간의 행복과 불행은 언제든지 바뀔 수 있는 것이므로 오늘 비록 행복하다 해서 안심하지 말고 또한 불행하다 해서 슬퍼하지 마라는 의미다.

만리장성이 있는 변방에 한 노인이 살았는데 사람들은 그를 새옹이라 불렀다.

어느 날 그가 foster(=raise)하던 말 한 필이 없어지자 마을 사람들은 노인을 위로했다. 하지만 노인은 calm하게 말했다.

"말이 없어진 것이 rather 복이 될 수도 있지요."

몇 달 뒤 잃어버렸던 말이 다른 훌륭한 말을 데리고 집으로 돌아왔다. 그래서 마을 사람들이 노인에게 축하 인사를 건네자 노인은 또 말했다.

"이것이 오히려 misery(=misfortune)가 될 수도 있지요."

며칠 후 노인의 하나뿐인 아들이 그 말을 타다 땅에 떨어져 그만 다리가 부러지는 바람에 다리에 disorder(=disability)를 갖게 되었다. 마을 사람들이 이 일을 위로하자 그 노인은 또 아무렇지 않게 말했다.

"이것이 또한 복이 될 수도 있는 일이지요."

1년 후 오랑캐가 쳐들어와서 전쟁이 벌어지자 마을의 adolescent들은 모두 전쟁터에 끌려 나가 죽거나 injury(=wound)를 입었다. 하지만 새옹의 아들은 다리가 부러진 cripple이었기 때문에 끌려 나가지 않아 죽음을 면할 수 있었다. 말을 타다 다리가 부러진 일이 오히려 복이 된 것이다.

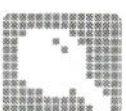 본문에 나오는 단어의 뜻이 무엇일지 문맥에 맞게 추측해 써보세요.

496. **foster**

497. **raise**

498. **calm**

499. **rather**

500. **misery**

501. **misfortune**

502. **disorder**

503. **disability**

504. **adolescent**

505. **injury**

506. **wound**

507. **cripple**

 추측한 단어들을 이용해 이야기를 다시 한 번 읽어보고 제목의 의미를 생각해보세요.

새옹지마 means "the ups and downs of the worldly affairs".

새옹지마는 ________________________라는 뜻이다.

 이제 다음 장에 나와 있는 단어의 뜻을 보고 확인 후 공부하세요.

The ups and downs of the worldly affairs

(세상사에는 좋은 일도 있고 나쁜 일도 있다)

496. foster [fɔ́(:)stər/fás-] *v.* 기르다, 양육하다

497. raise [reiz] *v.* 1.(위로) 올리다 2.기르다, 양육하다, 재배하다 3.(문제 따위를) 일으키다, 제기하다 4.모금하다

▶일단 '올리다' 라는 기본 의미를 잘 생각해두세요. 그리고 하나씩 살펴봅시다. 어린 동물이나 식물의 키를 위로 올라가게 한다는 것은 '기르' 고 '재배한다' 는 의미지요. 또 문제를 겉으로 드러나도록 위로 올린다는 것은 문제 따위를 '일으키' 고 '제기한다' 는 뜻입니다. 돈을 수북이 위로 쌓아 올리는 것은 돈을 '모금한다' 라는 의미라고 연상해보세요. 모두 자주 쓰이는 단어들입니다.

498. calm [kɑːm] *a.* 1.고요한, 조용한 2.침착한, 냉정한 *n.* 1.고요 2.침착, 냉정 *v.* (분노·흥분을) 진정시키다, 진정하다, 안정되다

▶'조용하' 다는 것은 '침착하' 고 '냉정하' 게 마음을 '진정시킨다' 는 의미와 같지요.

499. rather [rǽðər/rɑ́:ð-] *ad.* 오히려, 도리어

500. misery [mízəri] *n.* 불행, 비참

  miserable [mízərəbəl] *a.* 불행한, 비참한

501. misfortune [misfɔ́:rtʃən] *n.* 불행, 불운

502. disorder [disɔ́:rdər] *n.* 1.장애 2.무질서

▶사람이나 동물이나 '장애' 가 있다는 건 신체가 정상적이지 않고 '무질서' 하다는 뜻이겠지요.

503. **disability**[dìsəbíləti] *n.* 무능, 불구

    disabled[diséibəl] *a.* 무능한, 불구인

    ▶ '무능' 한 몸이 바로 '불구' 의 몸을 가리킨다고 할 수 있습니다.

504. **adolescent**[æ̀dəlésənt] *n.* 청년, 젊은이 *a.* 청춘의

    adolescence[æ̀dəlésəns] *n.* 청년기, 사춘기, 청춘기

505. **injury**[índʒəri] *n.* 상해, 부상, 손상

    injure[índʒər] *v.* 상처를 입히다, 다치게 하다, 손상시키다

506. **wound**[wu:nd/waund] *n.* 부상, 상처 *v.* 상처를 입히다, 상처 내다

507. **cripple**[krípl] *n.* 불구자, 다리병신 *v.* 불구(절름발이)가 되게 하다, 다리를 절다

다음 단어의 뜻을 천천히 떠올려보세요.

misfortune	labor
bright	rejoice
decent	alien
outstanding	bow
wound	console
accord	possess
rather	argue
raise	heal
reflect	adolescent
investigate	permit
cripple	discord
infer	hardship
string	suffering
criticize	imagine
medicine	occasion
astrology	
astronomy	
history	
conceal	

44. No need for worrying about life and death

生살 생 寄부탁할 기 死죽을 사 歸돌아갈 귀

인간의 삶은 이 세상에 잠시 몸을 부탁해 맡겨 머무는 것이고 죽음은 다시 온 곳으로 되돌아간다는 뜻이다. 즉, 인간은 생에 집착과 두려움을 가질 필요가 없다는 의미다.

하왕조 우 임금이 강을 건너려는데 용이 나타나 배를 떠밀었다. 그러자 배 위의 사람들이 모두 두려워했다. 하지만 우 임금은 두려워하지 않고 이렇게 말했다.

"나는 하늘의 divine한 명령을 받고 백성을 위해 수고했다. 그리고 인간의 삶은 temporary하게 이 땅에 머무는 것에 불과하고 죽음은 고향으로 되돌아가는 것이다. therefore(=thus=hence), 어찌 아부를 하여 이 상황을 벗어나고자 하겠는가? 내 눈엔 용도 잠자리에 불과하다."

이러한 우 임금의 태연한 모습을 보자 용은 고개를 숙이고 하늘로 높이 soar해버렸다.

 본문에 나오는 단어의 뜻이 무엇일지 문맥에 맞게 추측해 써보세요.

508. **divine**　　　　　512. **hence**

509. **temporary**　　　513. **soar**

510. **therefore**

511. **thus**

 추측한 단어들을 이용해 이야기를 다시 한 번 읽어보고 제목의 의미를 생각해보세요.

생기사귀 means "no need for worrying about life and death".

생기사귀는 ________________________라는 뜻이다.

 이제 다음 장에 나와 있는 단어의 뜻을 보고 확인 후 공부하세요.

No need for worrying about life and death

(삶과 죽음을 걱정할 필요는 없다)

508. divine [diváin] *a.* 신의, 신성한

509. temporary [témpərèri/-rəri] *a.* 일시적인, 순간적인

temporarily [témpərərili] *ad.* 일시적으로, 순간적으로

510. therefore [ðɛ́ərfɔ̀ːr] *ad.* 그러므로, 따라서

511. thus [ðʌs] *ad.* 그러므로, 따라서

512. hence [hens] *ad.* 그러므로, 따라서

513. soar [sɔːr] *v.* 높이 솟아오르다, 치솟다 *n.* 솟아오름, 비상

45. Useless sympathy or stupid behavior

宋송나라 송 襄도울 양 之어조사 지 仁어질 인
송나라 양공이 베푼 자애라고 풀이된다. 쓸데없는 동정이나 어리석은 행동을 비유할 때 쓰는 말이다.

춘추시대 양공이 송나라 왕위에 오르자 나라에 운석이 떨어졌다. 그러자 양공은 이는 천하의 패자가 될 omen이라며 aspiration(=ambition)

을 가슴에 품고 제나라를 친 후 송, 제, 초등 세 나라의 맹주가 되었다.

　이후 송나라를 무시하고 초나라와 국교를 맺은 정나라를 쳐들어가니 초나라가 정나라를 rescue하기 위해 대군을 보냈다. 그래서 양공은 초나라와 홍수라는 강을 마주하고 싸우게 되었다. 그런데 양공의 송군은 이미 진을 치고 있었지만 초군은 막 강을 건너는 중이었다. 이때 양공의 이복형 목이가 말했다.

　"적은 우리보다 prevalent하고 아군은 열세이니 적이 강을 건너기 전에 공격하는 것이 좋을 것이네."

　그러나 양공은 "그럴 수는 없습니다. 군자는 어떤 경우에도 다른 사람의 defect(=flaw)를 노리는 비겁한 짓은 하지 않는 법입니다"라고 말하며 목이의 제안을 받아들이지 않았다. 양공은 초나라가 진을 치고 군대를 정비한 다음에야 공격하라는 order를 내렸다. 그 결과 송나라는 초나라에 대패하고 말았다.

　게다가 양공은 이 전쟁에서 부상을 입었는데 그 부상이 악화되어 얼마 지나지 않아 죽고 말았다. 이 사실을 알고 세상 사람들은 양공을 어리석은 사람이라 비웃었다.

 본문에 나오는 단어의 뜻이 무엇일지 문맥에 맞게 추측해 써보세요.

514. **omen**

515. **aspiration**

516. **ambition**

517. **rescue**

518. **prevalent**

519. **defect**

520. **flaw**

521. **order**

 추측한 단어들을 이용해 이야기를 다시 한 번 읽어보고 제목의 의미를 생각해보세요.

송양지인 means "useless sympathy or stupid behavior".

송양지인은 ________________________라는 뜻이다.

 이제 다음 장에 나와 있는 단어의 뜻을 보고 확인 후 공부하세요.

Useless sympathy or stupid behavior
(쓸모없는 동정심이나 어리석은 행위)

514. **omen**[óumən] *n.* 전조, 조짐, 예감

　　ominous[ámənəs/ɔ́m-] *a.* 나쁜 징조의, 불길한

515. **aspiration**[æspəréiʃən] *n.* 열망, 대망

　　aspire[əspáiər] *v.* 열망하다, 갈망하다

516. **ambition**[æmbíʃən] *n.* 대망, 야심

　　ambitious[æmbíʃəs] *a.* 대망을 품은, 야심 있는

517. **rescue**[réskjuː] *v.* 구조하다, 구하다, 구출하다 *n.* 구조, 구출

518. **prevalent**[prévələnt] *a.* 우세한, 유행하는, 널리 퍼진

　　prevailing[privéiliŋ] *a.* 우세한, 유행하는, 널리 퍼진

　　prevail[privéil] *v.* 우세하다, 유행하다, 널리 퍼지다

　　prevalence[prévələns] *n.* 우세, 유행, 널리 퍼짐

519. **defect**[difékt] *n.* 결점, 결함, 약점

　　defective[diféktiv] *a.* 결함(결점)이 있는, 불완전한

520. **flaw**[flɔː] *n.* 결점, 결함

521. **order**[ɔ́ːrdər] *n.* 1.명령 2.주문 3.질서 4.순서 5.정돈 *v.* 1.명령하다 2.주문하다 3.정돈하다

　　▶어떤 물건을 가져오라고 '명령' 하는 게 '주문' 입니다. 주문받는 사람이 헷갈리지 않게 '질서' 있게 주문해야 정확한 시간에 정확한 물건이 오겠지요? 그리고 질서가 있다는 것은 모든 것이 '순서' 대로 체계가 잡혀 있고 '정돈' 이 잘 되어 있다는 의미입니다.

다음 단어의 뜻을 천천히 떠올려보세요.

temporary
defect
order
omen
soar
rescue
prevalent
ambition
flaw
therefore
aspiration
divine
thus
hence

1. This is the place I lost my sword. 내 칼이 여기에서 떨어졌어.

2. We are authentic friends! 우리는 진정한 친구야!

3. He is not a bad man anymore. 그는 더 이상 나쁜 사람이 아니야!

4. Nobody knows who a person was before his or her death. 그 사람이 죽기 전까지는 아무도 그에 대해 알 수 없소.

5. Get my final stroke! 내 최후의 주먹을 받아라!

6. Thank you for saving my daughter's life. 내 딸을 살려줘서 고맙습니다.

7. I can equally imitate the sound of chicken. 난 닭 울음소리를 똑같이 흉내 낼 수 있어.

8. My trusty follower! Make my people live without difficulty. 내 믿음직한 신하여! 백성들이 어려움 없이 살도록 해주시오.

9. Ehera-diyeo! How delightful my life is! 에헤라디여! 이 얼마나 즐거운 삶인가!

10. I have no any anxiety, so I can have comfortable sleep. ZZZ- 아무 근심이 없으니 마음 편히 잘 수 있구나. 쿨쿨-

11. Don't flatter the person in power. Instead, be a respectable scholar! 권력에 아첨하지 말게. 그 대신 존경받는 학자가 되도록 해!

12. Posuk, my friend! You are the only one who appreciated my value. 내 친구 포숙! 넌 나의 진정한 가치를 알아봐준 유일한 사람이야.

13. Wow! He is not an ignorant person anymore. His knowledge improved at the astonishing level. 와! 이제 그는 더 이상 무식하지 않아. 실력이 깜짝 놀랄 정도로 향상되었어.

14. I don't know why it is not sounding. 왜 소리가 나지 않지?

15. Kill him! And everything goes well. 그를 죽여요! 그러면 모든 것이 편안해질 겁니다.

16. You may not know that I'm hiding a sword! 내가 칼을 숨기고 있는 걸 모

를 거야!

17. My presence is trivial like a fur out of nine cows. 나의 존재는 아홉 마리의 소 가운데 하나의 털과 같이 하찮을 뿐이야.

18. I, a noble man, have three enjoyments. They include the happy life of my family, clean conscience and educating geniuses. 군자에게는 세 가지 즐거움이 있다. 가족이 무사히 살아 있는 행복, 깨끗한 양심, 뛰어난 인재를 가르치는 즐거움이 바로 그것이다.

19. One mare time, I'll try with renewed energies! 다시 한 번 새롭게 해볼 거야!

20. If I got off the tiger, I would be his prey. 지금 호랑이에서 내리면 난 먹이가 되고 말 거야.

21. It will be better thing than now. 나중에 더 좋은 물건이 되겠지.

22. Sold all out! 다 팔았다!

23. Warm clothes, full stomach……. I have no more desire. 따뜻하고 배부르다……. 이제 더 바랄 게 없구나.

24. Am I dreaming a funny dream? Or is it real? ZZZ- 나는 재미있는 꿈을 꾸고 있는 걸까, 아니면 이것이 생시일까? 쿨쿨-

25. A cup of water could be the origin of a great river. 아무리 큰 강도 적은 양의 물에서 시작되느니라.

26. The drill pierced my pocket! 송곳이 주머니를 뚫고 나왔네!

27. My old horse, please show me the way! 늙은 말아, 길을 가르쳐다오!

28. Quitting studying is like cutting thread for weaving cloth! 공부를 도중에 그만두는 건 짜던 베를 잘라버리는 것과 같다!

29. I'm strongest in the world. Nobody dares to obstruct my way! 나는 세상에서 제일 강하지. 누구도 내 길을 감히 방해할 수 없어!

30. To pick it up or not ti pick it up. That's a question! 줍느냐 마느냐, 그것이 문제로다!

31. **I'll read this book about a hundred times. In that case, I would understand all the contents of it!** 난 이 책을 백 번쯤 읽을 거야. 그래야 이 내용을 이해할 수 있을 테니.

32. **Do you hear me?** 내 말 들려?

33. **Ah! To my sadness, a splendid country turned deserted.** 아! 비통하다. 화려했던 조국이 황무지로 변했구나.

34. **An elephant must be like a thick rope!** 코끼리는 틀림없이 밧줄처럼 생겼어!

35. **My friend! Please forgive my fault!** 친구야, 내 잘못을 용서해다오!

36. **In any case, I'll keep my promise!** 어쨌든 난 약속을 꼭 지킬 거야!

37. **There is no place where I hide. I must win without fail!** 내가 숨을 곳은 더 이상 없어. 난 반드시 이겨야만 해!

38. **Oops! there is a snake inside my wine cup!** 헉! 술잔 속에 뱀이 있네!

39. **From this point, I won't play the geomungo anymore!** 이제 더 이상 거문고를 타지 않겠어.

40. **I'll burn all the books up!** 이 책들을 모조리 태워버릴 테다!

41. **All mankind in the world is a brotherhood.** 세상의 모든 사람이 다 너의 형제야.

42. **I hope he stay at home this time.** 지금 제갈량이 집에 있어야 할 텐데.

43. **Nobody knows whether this horse will bring good fortune or not.** 이 말이 행운을 가져올지 불행을 가져올지는 아무도 모르는 거야.

44. **The dragon looks like a small dragonfly in my eyes!** 내 눈에는 용도 작은 잠자리처럼 보이는구나.

45. **It's only useless sympathy!** 그건 쓸데없는 동정일 뿐이야!

찾아보기